VIE MERVEILLEUSE

DE

SAINT ANTOINE DE PADOUE

OUVRAGES DE LA MÊME SERIE

In-12 de 108 pages.

~~~~~~~~

VIE MERVEILLEUSE

DE

SAINT

ANTOINE DE PADOUE

PAR

L'Abbé Léonce RAYLET

———

ABBEVILLE

PAILLART, IMPRIMEUR-ÉDITEUR

des Brochures illustrées de Propagande catholique

—

1895

Pour composer ces petites pages que nous offrons à nos frères dans le Christ, le R. P. At a bien voulu nous permettre — et nous lui en sommes extrêmement reconnaissant — de nous servir de sa GRANDE VIE DE SAINT ANTOINE. *A ceux qui en auront le loisir, nous ne saurions trop recommander la lecture de cet ouvrage si intéressant et si documenté.*

VIE MERVEILLEUSE

DE

St ANTOINE DE PADOUE

CHAPITRE PREMIER

Naissance d'Antoine. — Sa double vocation. —
Son arrivée en Italie.

Le 15 juillet 1185, naissait à Lisbonne un
enfant dont rien ne vint présager la glo-
rieuse destinée. Il appartenait à une noble
et illustre famille. Son père, Martin de
Bouillon, occupait un des premiers rangs
parmi la noblesse portugaise et descendait
de Godefroy de Bouillon, le pieux conqué-
rant du tombeau du Christ. Sa mère, Marie-
Thérèse de Tavera, appartenait à la race
royale des Asturies.

Huit jours après sa naissance, l'enfant
était baptisé et recevait le nom de Fernandez. Il passa sa première enfance sous les
yeux de sa pieuse et tendre mère. Les doux
noms de Jésus et de Marie, si souvent répé-
tés par celle-ci, furent les premiers qu'il
prononça. A peine sorti du berceau, sa plus
grande joie était de se rendre à l'église

cathédrale de Lisbonne, située en face de son palais, et là, de demeurer de longues heures devant les autels du Sauveur et de sa Sainte Mère. Tantôt on le trouvait en adoration devant le Tabernacle, tantôt pieusement prosterné devant l'autel de la Vierge, où il redisait sans cesse l'hymne : « *O gloriosa Domina,* » hymne qui devait être sa consolation dans ses tristesses, son cri de guerre dans ses luttes, son chant de triomphe dans ses victoires.

A cet amour ardent de la prière, il joignait une remarquable délicatesse de conscience, une rare fermeté de cœur, un goût très prononcé pour la solitude, une vive tendresse pour les pauvres.

Il fallut cependant s'arracher à une vie aussi douce, se séparer de sa mère. L'heure de recevoir une éducation digne de son rang et de sa famille était arrivée. Ses parents le confièrent aux chanoines de la cathédrale de Lisbonne, dont le florissant collège était fréquenté par toute la noblesse portugaise. Doué de qualités supérieures, les progrès de Fernandez dans les sciences, furent rapides. Plus marqués furent encore ses progrès dans la piété. Souvent, il quittait ses condisciples et se retirait à l'écart pour être seul avec Dieu. La croix le passionnait déjà et il s'essayait par des abstinences fréquentes, par des jeûnes rigoureux, à retracer en lui l'image du divin Crucifié.

Or, un jour qu'il priait avec une angé-

lique ferveur, le dé-
mon lui apparut sous
une forme épouvan-
table tâchant de l'intimider et de le
détourner de ses pieuses habitudes.
Le jeune homme, sans s'effrayer,
s'incline et, avec son doigt, il trace
une croix sur le marbre où il est
agenouillé. L'esprit du mal disparut aussitôt, mais la croix restée gravée sur la
pierre est devenue l'objet d'une constante
vénération.

Les années de l'enfance s'écoulent rapides. Fernandez touche à l'adolescence ; il
vient en effet d'avoir quinze ans. Le moment
était décisif, car c'était l'heure de choisir
un état de vie. Si sa mère avait été auprès

Ferdinand chasse le démon en traçant une croix sur le pavé.

de lui, nul doute qu'en fils respectueux et aimant, il ne l'eût consultée dans une affaire aussi importante ; mais Dieu l'avait rappelée à lui depuis quelque temps. Fernandez ne demanda point conseil au monde, mais il s'adressa aux hommes sages qui avaient dirigé son enfance. Il pria avec ferveur l'Esprit-Saint de l'éclairer, il conjura avec larmes sa Mère du Ciel de lui montrer sa voie. La lumière ne lui manqua point. Fidèle à la direction de Marie, sa résolution fut vite prise ; son choix, vite fait. Il renonçait aux honneurs, aux richesses, aux plaisirs du siècle pour entrer dans l'Ordre, alors si célèbre en Espagne, des chanoines réguliers de Saint-Vincent.

Au mois d'août 1210, Fernandez quitta Lisbonne et se retira au couvent de Saint-Vincent. Dans ce nouveau séjour, il continua simplement à mener la vie régulière qui, au collège, faisait l'admiration de tous. Admis deux ans après à revêtir le saint habit, il le reçut sans doute, car les historiens ne nous donnent aucun détail sur cet acte solennel, avec une très grande humilité et une sainte ferveur. Tout entier au maître qu'il s'était choisi, il semblait pourtant à Fernandez qu'il ne s'était pas donné tout à fait. Le couvent de Saint-Vincent était situé aux portes de Lisbonne. Les amis, les parents du jeune religieux venaient le visiter, l'entretenir des vains bruits du monde, lui faire part de leurs étroites préoccupations.

Tout cela l'éloignait de Dieu. Qui sait si déjà on ne venait pas faire appel à ses lumières surnaturelles, se recommander à ses toutes puissantes prières? Son humilité, selon toutes probabilités, s'alarma de ces marques de confiance; voilà pourquoi il se décida à abandonner le sol natal.

Fernandez se rendit à Sainte-Croix de Coïmbre. Il s'y fit encore remarquer par son observation scrupuleuse de la règle, son amour pour la prière, son ardeur pour le travail. Poussé par l'Esprit de Dieu, il sentait l'irrésistible nécessité de se fortifier dans les sciences divines et humaines, de s'armer de pied en cap pour un combat qu'il ne prévoyait point et où il devait remporter des triomphes autrement précieux que ceux des plus fameux conquérants.

Malgré son changement, Fernandez ne trouvait cependant pas la paix du cœur. Depuis qu'il s'était prosterné sur les reliques des disciples de saint François, martyrisés au Maroc, et dont les corps avaient été déposés dans un couvent, non loin de Coïmbre, son unique ambition était, à l'exemple de ces généreux athlètes, de mourir pour son Maître bien-aimé. Dieu le laissa longtemps à ses doutes, à ses incertitudes. Longtemps il le laissa languir, souffrir et prier. Enfin, il eut pitié de ses larmes et récompensa, d'une manière merveilleuse, l'admirable constance de son fidèle serviteur. Un jour qu'assis à l'écart, Fernandez versait d'abondantes larmes, tout à coup, saint François, alors en Italie, lui apparut. De la part de Dieu, il lui ordonna d'entrer dans l'ordre des Frères-Mineurs.

Non loin de Coïmbre, les Frères Mineurs possédaient le couvent de Saint-Antoine des Oliviers. Selon les prescriptions de la règle, ils allaient, mendiants volontaires, demander de maison en maison leur nourriture quotidienne. Ils frappaient souvent à la porte des Chanoines Réguliers. Profitant de leur présence, Fernandez, un jour, les prit à part, leur raconta la merveilleuse vision dont Dieu l'avait favorisé, leur exprima le désir qu'il avait d'entrer dans leurs rangs. Il mit toutefois une condition à son acceptation : c'est qu'il serait envoyé chez les Sarrasins pour y porter l'Evangile. Les Frères acceptèrent avec joie ce nouveau religieux, si divinement envoyé par la Providence, et le lendemain, ils lui apportèrent l'habit de leur Ordre. Fernandez le revêtit avec une sainte allégresse ; mais si grande était sa joie, bien vive était aussi la douleur qu'il éprouvait en se séparant de ses anciens frères.

Fernandez demeura fort peu de temps dans son nouveau couvent. Mais son court séjour fut marqué par un fait important. Suivant tous les historiens, c'est là qu'il *prit le nom d'Antoine*, pour honorer le patriarche de la vie érémitique. Après avoir prononcé ses vœux, il rappela à ses supérieurs la promesse qu'on lui avait faite de l'envoyer en Afrique. La permission de partir lui fut aussitôt accordée, et au mois de novembre 1220, il s'embarquait. Mais à peine avait-il mis le pied sur le sol africain, qu'épuisé par les veilles et les austérités, il tomba malade. Il n'eut ni la consolation de partager les travaux apostoliques de ses frères, ni la gloire de tomber sous le cimeterre des Musulmans. Il endura néanmoins un douloureux martyre, le martyre de l'inaction.

L'année suivante, sur l'ordre de ses supérieurs, Antoine reprenait le chemin de l'Espagne. Pendant le voyage, une violente tempête s'éleva et changea la direction du navire. Quelques jours plus tard on abordait en Sicile. Antoine séjourna quelques mois dans cette île. Il se rendit ensuite au Chapitre général de l'Ordre qui devait se tenir à Sainte-Marie-des-Anges le 20 mai 1221.

CHAPITRE II

CHAPITRE GÉNÉRAL D'ASSISE. — PREMIER SERMON D'ANTOINE. — IL ENSEIGNE LA THÉOLOGIE A BOLOGNE. — IL PRÊCHE LE CARÊME A VERCEIL. — RÉSURRECTION D'UN MORT.

Il tardait à Antoine de se trouver en présence de saint François, de revoir les traits

vénérés de celui qui l'avait appelé parmi
ses fils. Sans nul doute, pendant le voyage,
il devait par ses vœux impatients devancer
l'heureux moment où, prosterné aux pieds
du saint patriarche, il pourrait lui ouvrir
son cœur, l'entretenir de ses craintes et de
ses espérances. Mais, hélas! saint François,
soit pour éprouver le nouveau venu, soit
parce que Dieu ne lui avait pas encore révélé
la grandeur future de « son vicaire, » ne
fit aucune attention à Antoine. Parmi les
frères, nul ne daigna s'occuper de ce religieux inconnu. Quelle souffrance pour le
cœur si tendre d'Antoine! Et d'autre part,
comme il devait se réjouir, dans son humilité, d'être traité comme il le méritait.

Le chapitre terminé, la distribution des
emplois eut lieu. Antoine fut encore oublié.
Le Provincial des Romagnes ayant besoin
d'un prêtre pour célébrer la sainte Messe,
trouva par hasard le bienheureux. Il lui
demanda s'il était prêtre, et sur sa réponse
affirmative, il le prit avec lui. C'était l'heure
de Dieu. Encore quelque temps et Dieu va
montrer quel vase d'élection il s'est ré-
servé!

Arrivé dans la Romagne, Antoine obtint
la permission de se retirer avec ses frères à
l'ermitage du Mont-Saint-Paul. Non loin de
là, un frère avait construit une cellule dans
une petite grotte pour s'y livrer à la contemplation. Antoine y établit sa demeure.
Là, il s'abandonna tout entier à l'action de

Dieu. Il domptait son corps par de rudes mortifications, il nourrissait son esprit par l'étude attentive des saintes lettres, il embrasait son cœur par la méditation de l'amour divin. Religieux fidèle, il s'arrachait à ses pieuses oraisons pour suivre, aux heures marquées par la règle, les exercices communs. Il se livrait d'ailleurs, dans la communauté, aux plus basses occupations. Il avait sollicité, comme une grâce insigne et comme la seule chose dont il fût capable, la faveur de laver la vaisselle, de balayer et de mettre en ordre les cellules de ses frères. Dieu enfin va exalter cet humble, faire éclater la science de ce prétendu ignorant, tirer un magnifique parti de cette inutilité.

Plusieurs frères s'étaient rendus à Forli, pour y recevoir les saints ordres. Suivant l'usage, l'évêque devait adresser la parole aux ordinands pour leur rappeler la gravité de leurs engagements et la sublimité de leur vocation. L'évêque, ne pouvant prendre la parole, pria le P. Gardien de vouloir bien le remplacer. Empêché, on ne sait pour quel motif, ce dernier demanda à plusieurs Dominicains, présents à la cérémonie, de prononcer le discours traditionnel. Ceux-ci s'excusèrent à leur tour. Le P. Gardien s'adressa alors à Antoine, lui enjoignant au nom de la sainte obéissance de parler aux ordinands.

Celui-ci ne fit aucune observation, mais

obéissant à la volonté de son Supérieur, qui pour lui tenait la place de Dieu, il se dirigea vers la chaire. Prenant pour texte ces paroles : « Le Christ s'est rendu pour nous obéissant jusqu'à la mort, » il le développa avec une vue si profonde, une connaissance si complète de l'Écriture Sainte, une charité si ardente, et en même temps un langage si clair et si brillant que la surprise des auditeurs se changea en une sainte admiration.

Après de nombreuses difficultés, après de longues épreuves, Antoine se trouvait en face de sa destinée. Heureuses les âmes qui, dans les circonstances les plus critiques, savent se plier aux vues de la Providence, se laisser diriger par elle en toutes choses !

Le Provincial de la Romagne se hâta d'informer saint François de ce qui s'était passé à Forli. Chose étrange, celui-ci, au lieu d'appliquer Antoine au ministère de la parole, le chargea d'enseigner la théologie à ses frères du couvent de Bologne. Le professeur obtint un tel succès dans son enseignement que sa réputation franchit les murs du couvent. De nombreux étudiants vinrent se ranger autour de sa chaire.

Malgré ses multiples occupations, Antoine consentit, à la demande de l'évêque de Verceil, à prêcher le carême dans cette ville. Les résultats dépassèrent toutes les espérances. La nuit comme le jour, l'église était toujours pleine. Les foules saintement avides accouraient de toutes parts pour

entendre l'éloquent prédicateur. Dieu, par un miracle éclatant, vint encore augmenter le concours et la conversion des auditeurs.

Un matin, pendant le sermon du saint, l'on célébrait, dans une chapelle latérale, les funérailles d'un jeune homme. Les parents, les amis du défunt faisaient retentir l'église de leurs sanglots. La foule émue joignit bientôt ses larmes à celles des parents infortunés. Ce spectacle attendrit le prédicateur. Il s'arrête, se recueille, et après avoir levé les yeux au ciel, il s'adresse au mort: « Au nom de Jésus-« Christ, s'écrie-t-il, lève-toi. » A cet ordre, le jeune homme se leva devant la foule transportée de bonheur et d'étonnement.

Saint Antoine prêchant à Forli pour la première fois.

L'effet de cet événement miraculeux fut
imminent. Le saint put à peine suffire à la
tâche. Ce premier succès n'était que le prélude des grands succès que le saint devait
remporter dans ses courses apostoliques.

CHAPITRE III

ANTOINE EST ENVOYÉ EN FRANCE. — SON ENSEIGNE-
MENT ET SA PRÉDICATION A MONTPELLIER. — IL SE
REND A TOULOUSE. — MIRACLE DE LA MULE.

Dans le Chapitre général de 1216, saint
François avait établi la mission de France.
Lui-même s'était mis en route pour évan-
géliser cette nation qu'il aimait d'une affection particulière, quand le cardinal Hugolin
le dissuada de son voyage. Les enfants du
séraphique patriarche s'étaient cependant
fixés en France. Ils avaient des couvents en
plusieurs endroits du royaume, et venaient
d'en fonder un nouveau à Mirepoix, dans le
duché de Foix, quand saint François se
décida à envoyer en France « la Perle de
« son ordre. »
La situation déplorable des provinces mé-
ridionales explique aisément un tel choix.
Depuis cent ans en effet, ces malheureuses
provinces semblaient être la proie de l'hérésie. A Pierre de Brueys et à ses secta-

teurs avaient succédé les Vaudois. Quand
ces ennemis de la foi et de la paix publique
eurent été obligés de s'enfuir, les Albigeois
prirent leur place. Hypocrites et fourbes,
cachant sous des dehors pieux la noirceur
de leurs âmes, la perversité de leurs desseins, ils glissèrent, d'abord dans l'ombre
et le secret, leur poison mortel dans les
âmes simples et naïves. Puis sûrs d'eux-
mêmes et de leurs disciples, ils jetèrent le
masque. Au grand jour, ils osèrent nier la
présence réelle, rejeter la prière et les
bonnes œuvres, nier la liberté de l'homme.
Peu satisfaits de prêcher leur perverse doctrine, ils attaquèrent par le fer et le feu les
populations demeurées fidèles à la foi de
leurs pères.

Antoine était admirablement armé pour
cette lutte. Doué d'un rare talent de con-
troversiste, familiarisé par ses premières
études avec les systèmes philosophiques
auxquels les hérésiarques empruntaient
leurs arguments, il confondra par la vigueur
de sa dialectique, la solidité de ses preuves,
la flamme de sa parole, les docteurs les
plus illustres de l'hérésie. Quand sa parole
sera impuissante, pour vaincre ses adversaires, il aura recours au miracle.

Vers la fin de l'année 1224, le saint arri-
vait à Montpellier. Chargé d'enseigner la
théologie à ses frères, il fut dans cette ville,
ce qu'il avait été à Bologne, professeur
émérite. Il sut aussi trouver le temps de

prêcher la parole de Dieu. Il savait s'accom-
moder aux besoins de ses auditeurs. Savant
habile, acéré avec les manichéens, il était
simple, clair, familier avec le peuple. A la
force de l'éloquence, Dieu se plaisait à
ajouter l'autorité du miracle. Un jour, pendant qu'il prêchait devant tout le clergé de
la ville et un grand nombre de fidèles,
Antoine se souvint qu'il n'avait prié personne de le remplacer, pour chanter au
couvent un office déterminé. Pris de regret,
il s'interrompt, se couvre la tête de son
capuce et demeure immobile pendant un
moment. Au même instant, il parut dans
l'église du couvent où il s'acquitta, au
grand étonnement de ses frères, de sa
charge. Ce miracle bientôt connu de la ville
entière et attesté par de nombreux témoins,
ramena bien des égarés dans le chemin de
la vérité.

Antoine, malgré ses succès, n'était pas
satisfait : Il voulut frapper au cœur même
de l'hérésie, essayer d'éteindre cet incendie
dévorant à son foyer. Il partit pour Toulouse
et y arriva pendant l'été de 1225. Protégés
par Raymond VII, les Albigeois se livraient,
tout à leur aise, à leurs infâmes pratiques et
à un prosélytisme ardent. Toutefois égale
liberté était laissée aux catholiques. A peine
arrivé, Antoine s'adonne tout entier au
ministère de la parole. Ses journées et ses
nuits, il les passait à discuter avec les hérétiques, à réfuter leurs objections, à exposer

le dogme catholique.
Dans ces luttes, il déployait
une science si sûre et si haute,
une charité si ardente et si gé-
néreuse, qu'il était pour les
fidèles un sujet de joie et de consolation, et
pour les Albigeois un objet d'admiration.
Outre une dialectique serrée et mordante,
il avait entre les mains une arme puissante,
souvent employée et toujours avec un égal
succès, le miracle. C'est à Toulouse qu'eut
lieu un des miracles les plus connus, le
miracle de la mule.

Les Albigeois, comme on le sait, niaient
la présence réelle de Jésus-Christ dans
l'Eucharistie. Antoine discutait un jour sur
ce dogme auguste, avec un hérétique très

La mule se prosterne devant la très-sainte Eucharistie.

influent. Pressé par les raisons de l'apôtre, l'hérétique s'obstine ; il cherche un faux-fuyant ; il croit l'avoir trouvé.

« Seul, s'écrie-t-il, un miracle pourra me déterminer à croire à la présence réelle. J'ai une mule, ajoute cet homme ; pendant trois jours je vais la laisser sans nourriture. Après ces trois jours, je la conduirai sur la place publique. Vous y serez portant entre vos mains une hostie consacrée que vous présenterez à ma mule. Si malgré la faim dont elle sera dévorée, elle se détourne du foin que je lui offrirai, pour se prosterner à genoux devant l'Hostie, je croirai.

Antoine accepta le défi. Il se prépara à cette redoutable épreuve par le jeûne et la prière, conjurant le Seigneur de montrer sa puissance et d'arracher, par l'éclat de ce miracle, une foule d'âmes à l'ennemi du salut.

Les trois jours écoulés, Antoine, suivi de nombreux fidèles qui unissaient leurs prières aux siennes, arrive sur la place, tenant entre ses mains l'Hostie sainte. De son côté, l'hérétique entouré de ses coreligionnaires et tenant sa mule par la bride, attendait l'arrivée du bienheureux. Il offre aussitôt à la mule condamnée à un jeûne rigoureux depuis trois jours, du foin et de l'avoine. L'animal les refuse, se dirige vers Antoine et se prosterne devant l'Eucharistie. Un immense cri de joie s'échappe aussitôt de toutes les poitrines, et l'hérétique tom-

bant à genoux, se déclare converti. Il se fait
à son tour apôtre et ramène à la vérité, sa
famille et ses
amis.

Tandis qu'Antoine était à Toulouse, il y reçut une mémorable faveur de la Sainte Vierge. Le jour de l'Assomption, il ne pouvait se décider à se rendre à l'office de Prime parce que dans le martyrologe d'Usuard, un énoncé de ce mystère blessait sa foi si vive envers cette auguste croyance. La Sainte Vierge, pour consoler son bien-aimé serviteur, lui apparut environnée de lumière et lui affirma qu'après être restée trois jours dans le tombeau sans aucune atteinte de corruption, elle était montée au ciel en corps et en âme sur les ailes des anges, comme l'enseigne la

La Ste Vierge apparait à saint Antoine le jour de l'Assomption.

sainte Eglise. Cette vision remplit Antoine de joie et son zèle pour défendre les ineffables privilèges de Marie en reçut un nouvel accroissement.

CHAPITRE IV

ANTOINE EST NOMMÉ GARDIEN DU COUVENT DU PUY. — FONDATION DU COUVENT DE BRIVE. — SON APOSTOLAT ET SES MIRACLES DANS LE VELAY. — SA PRÉDICATION A BOURGES. — NOUVEAU MIRACLE.

Si Antoine n'avait pas anéanti l'hérésie, il l'avait du moins terrassée; il pouvait quitter Toulouse sans regret. Il partit en effet au mois de septembre 1225, pour se rendre au Puy-en-Velay, dont il venait d'être nommé gardien. Pour la première fois, il était chargé de l'administration d'une des maisons de son Ordre et de la direction de ses frères. Certes, nul mieux que lui ne pouvait maintenir et affermir ces religieux dans l'esprit de leur vocation, réformer les abus qui s'étaient glissés dans l'observation de la règle. Veillant avec une égale sollicitude sur tous, sa direction n'était ni rigide, ni complaisante. Alliant à une sage prudence une douce énergie; il savait défendre la règle contre les excès des téméraires et la lâcheté des timides. Surtout, il prêcha d'exemple et bientôt le couvent du Puy se distingua par la vie simple, mortifiée, régulière qu'on y menait.

Comme il avait ranimé la ferveur dans son couvent, de même, il réveilla la foi endormie de ces bons montagnards, les mit en garde contre les ruses des hérésiarques, démasqua les fourberies des novateurs. Les Albigeois battus par les Croisés, s'étaient en effet réfugiés dans ces montagnes inaccessibles et y avaient prêché avec succès leurs pernicieuses erreurs. Le mal, il est vrai, n'était pas aussi grand que dans le Languedoc; mais il était déjà considérable. Antoine se mit à l'œuvre sans tarder. Des faits miraculeux signalèrent son apostolat. On cite surtout la conversion d'un personnage considérable par sa situation et dont la vie déréglée faisait le scandale de toute la ville. Cet homme était notaire. Chaque fois qu'Antoine rencontrait ce notaire, il se découvrait et se mettait à genoux à ses pieds. Aussi souvent que le saint rencontrait ce débauché, aussi souvent il lui prodiguait les mêmes marques de respect. Celui-ci croyant à une moquerie, entra dans une violente colère : « Que signifie tout « cela; s'écria-t-il un jour? Si vous vous « mettez encore à genoux devant moi, je « vous transperce de mon épée. » Antoine, souriant avec une douce tranquillité, lui répondit : « Glorieux martyr de Jésus- « Christ, souvenez-vous de moi quand vous

« serez dans les tourments. » Le notaire s'en alla riant très fort d'une telle prophétie. Quelque temps après, l'évêque du Puy partit pour la Terre-Sainte. Le notaire résolut de l'accompagner. Il vendit tous ses biens, en donna le prix aux pauvres. Arrivé en Orient, cet homme embrasé d'une ardeur toute divine, prêcha la foi aux Sarrasins. Pris par les infidèles, il fut mis à la torture pendant trois jours et mourut sur le soir du troisième.

Vers cette même époque, un habitant de Brives construisit, à quelque distance de la ville, un couvent. Il en fit don aux Frères Mineurs. A la demande de ce généreux chrétien, Antoine vint y installer quelques religieux de son Ordre et y demeura lui-même pendant quelques mois. Il passait ses journées dans une petite grotte, abîmé dans la contemplation, se livrant à d'effrayantes austérités. Ayant en quelque sorte refait ses forces, il se hâta de regagner le Puy pour y poursuivre ses prédications, et vaincre définitivement les ennemis de l'Église.

Les signes et les prodiges vont se multiplier autour de lui. Plus on avance dans sa vie et plus les miracles qu'il accomplit de tous côtés, sont de plus en plus fréquents, grands, admirables. C'est avec juste raison qu'un historien contemporain s'écrie : « Vouloir compter ses miracles, c'est impos- « sible ; il vaut mieux dire que le miracle « s'est comme incarné en lui, et que pour

« lui le miracle serait de cesser de faire des
« miracles. »

C'est pendant le séjour de saint Antoine
à Brives qu'eut lieu le fait qui peut être
regardé comme le point de départ
de cette croyance si universellement
répandue que le
saint fait retrou-
ver les choses
perdues.

Saint Antoine
avait composé un
manuscrit, re-
cueil de toutes les
instructions qu'il
donnait à ses
frères et voilà
qu'un jour il
le cherche en
vain, ce qui
lui cause une
peine extrê-
me; il se met
en prière. Un
jeune novice
en quittant le
couvent avait emporté le précieux manuscrit. Ce malheureux, parvenu au bord d'un
cours d'eau qu'il voulait traverser, aperçut
un spectre abominable qui, l'arrêtant, lui
ordonna de restituer au saint le livre qu'il

Le fou touchant la corde retrouva la raison (p. 28).

lui avait dérobé ; le novice ne se le fait pas
dire deux fois, il retourne au couvent, et
se jetant aux pieds d'Antoine, il sollicite et
obtient son pardon.

Pendant un de ses sermons au Puy, le
démon veut faire perdre le fruit de cette
instruction à une noble dame. Prenant la
forme d'un courrier, il vient lui annoncer
la mort de son fils. Mais, du haut de la
chaire, l'homme de Dieu rassure la mère
désolée et le courrier disparaît aussitôt. Un
autre jour, un fou trouble par ses extrava-
gances l'attention de l'auditoire. Antoine
l'engage à se taire. « Pas avant que vous
« ne m'ayez donné votre corde, répond
« celui-ci. » Antoine la lui donne et à
peine le fou la tient-il entre ses mains, qu'il
recouvre la raison.

Par tous ces prodiges, le saint, selon le
langage de la liturgie, « brisait les dents de
l'hérésie, » ramenait les âmes égarées à la
vraie lumière, affermissait les bons dans la
pratique de la religion.

Antoine ne pouvait longtemps prolonger
son séjour dans les mêmes cités. Sa réputation s'étendait au loin. Partout on désirait
le voir, l'entendre. Du Puy, Antoine se dirigea vers Bourges. C'était le même ennemi
qu'il allait combattre; ce furent les mêmes
armes qu'il employa, ce fut aussi le même
succès. Une circonstance toute particulière
mit encore plus en lumière le mérite et la
sainteté du courageux apôtre.

Le jour de Saint-André, on tint dans cette
ville un concile présidé par le légat du
Pape, le cardinal Saint-Ange. Antoine fut
chargé de prononcer le discours
d'ouverture. Avec une liberté
tout apostolique, il s'a-
dressa à l'évêque simo-
niaque de Bourges, flétrit
ses vices, le menaça des
vengeances divines s'il ne
changeait de conduite.
L'évêque touché, prit en
particulier Antoine, lui fit
humblement l'aveu de ses
fautes et accomplit dès
lors avec une édifiante
fidélité tous les devoirs
de sa charge. Cette
conversion amena
au pied de la chaire

Le miracle de Bourges (p. 30).

un tel concours de fidèles, que les églises
ne pouvaient plus les contenir. Il fallut
prêcher en plein air. Un jour donc pendant
qu'Antoine prêchait avec une éloquence
extraordinaire, un orage éclata. Le peuple
effrayé veut s'enfuir. Le saint le rappelle :
« Arrêtez, leur dit-il, aucun de vous ne
« sera mouillé. » La pluie en effet, inonda
tous les environs, mais aucun des auditeurs
du saint ne reçut la plus petite goutte d'eau.

Ce miracle et la conversion d'un hérétique influent, nommé Guiald, terminèrent
les travaux apostoliques du saint dans le
Berry.

Antoine est pressé de partir. Sa vie est
mesurée, il le sait. Il a d'autres missions à
remplir, d'autres âmes à conquérir, et puis,
il redoute la reconnaissance et l'amour des
peuples qu'il a évangélisés.

CHAPITRE V

CHAPITRE PROVINCIAL D'ARLES. — APPARITION DE SAINT
FRANÇOIS. — ANTOINE EST NOMMÉ GARDIEN A LIMOGES.
— L'ENFANT-JÉSUS SE REPOSE DANS SES BRAS. —
MIRACLE DE PROVENCE.

On touchait à la fin de l'année 1226, quand
Antoine reçut l'ordre de reprendre le che-

min du Midi, et de se rendre au Chapitre
provincial d'Arles. Il trouva dans cette
ville beaucoup de ses frères. Tous l'accueil-
lirent avec une respectueuse et sainte admiration. Par avance, il était l'orateur désigné
du Chapitre. Dieu, par un prodige, montra
combien ce choix lui était agréable. Le
14 septembre, fête de l'Exaltation de la
Sainte-Croix, Antoine entretenait ses frères
de la Passion du Sauveur, quand un religieux, nommé Monald, fut poussé malgré
lui à regarder vers la porte du Chapitre. Il
aperçut le séraphique P. François au-dessus
de la porte, élevé en l'air, les bras étendus
en croix et bénissant l'assemblée. Le religieux raconta cette vision à ses frères, qui
tous affirmèrent avoir éprouvé à cet instant
une consolation intérieure, tout à fait
extraordinaire. Par sa présence, saint François confirmait les enseignements de son
disciple et semblait engager ses fils à
suivre et à pratiquer les conseils du bienheureux.

A la fin du Chapitre, notre saint fut
nommé gardien du couvent de Limoges.
Nous ne pouvons énumérer toutes les merveilles qui s'accomplissent. Le miracle,
comme nous le disions plus haut, est devenu l'élément du bienheureux. Le surnaturel est pour lui une habitude. Prédictions
de l'avenir, ruses ou pièges du démon dé-
joués, secrets des consciences découverts,
nombreuses guérisons opérées, morts

ressuscités, rien ne résiste à l'empire d'Antoine.

Un jeune novice était en proie à une violente tentation de découragement. Instruit de cet état par une révélation divine, Antoine fait venir le jeune religieux, lui souffle dans la bouche en disant : « Reçois le Saint-Esprit. » Depuis ce moment le religieux n'eut plus jamais la pensée de sortir de l'ordre. Un autre religieux était obsédé par le démon de la chair. Malgré ses prières et ses mortifications, il ne pouvait se débarrasser de son adversaire. Il a recours au bienheureux. Celui-ci lui donne sa propre tunique et lui ordonne de s'en revêtir. A peine le religieux s'en est-il revêtu que la tentation disparaît et pour toujours.

En une autre circonstance, il démasque les démons qui, pour empêcher les religieux de réciter leur office, avaient pris la forme de malfaiteurs et dévastaient le champ d'un bienfaiteur du couvent.

Dans un village, il ressuscite le petit enfant d'une femme, qui dans sa joie d'entendre le prédicateur, et, dans sa précipitation à se rendre au sermon, avait laissé seul ce petit enfant qui tomba alors dans une chaudière d'eau bouillante.

Mais le fait le plus extraordinaire qui signale le passage du bienheureux dans le Limousin, fait que la peinture et la sculpture se sont ingéniés à reproduire, c'est l'apparition de l'Enfant-Jésus.

Un jour, dans un bourg inconnu du Limousin, un riche propriétaire pria Antoine de vouloir bien loger chez lui. Le saint accepta avec reconnaissance. Son hôte lui donna une chambre un peu séparée de la maison, afin qu'il pût se livrer à la méditation, à la prière, sans crainte d'être dérangé. Aux approches de la nuit, voulant savoir ce que devenait le saint, le généreux bourgeois s'approcha de la chambre. Mais, ô prodige! de la fenêtre qui dominait la petite porte sortaient des rayons lumineux. Surpris, il monte sans bruit et il aperçoit dans les bras du bienheureux un enfant d'une beauté ravissante, debout sur le livre des Saintes-Ecritures. Le petit enfant embrassait avec tendresse le saint qui de son côté lui rendait avec amour ses caresses et ses baisers. Le bienheureux était en tête-à-tête avec Jésus

L'enfant ressuscité.

descendu du ciel pour consoler, encourager
et récompenser son fidèle serviteur. L'hôte
se retira sans bruit. Mais Antoine averti
par le Divin Enfant, appela le bourgeois, lui
enjoignit de garder le secret sur cette apparition tant qu'il serait en vie. L'hôte promit,
mais après la mort du saint, il se hâta, en
versant des larmes de joie, de révéler le
miracle dont il avait été l'heureux témoin.

C'est dans le Limousin qu'Antoine apprit
la mort de saint François et la convocation
du Chapitre général afin de procéder à
l'élection du nouveau vicaire général. Le
bienheureux quitta le Limousin en 1227 et
se dirigea, avec un autre religieux, vers
l'Italie. En traversant la Provence, ils pas-
sèrent dans un petit bourg où ils deman-
dèrent l'hospitalité à une pauvre femme.
Celle-ci la leur donna avec une sainte joie.
Voulant traiter aussi bien qu'il était en elle
ses hôtes, elle mit sur la table du pain et du
vin et courut chez une voisine emprunter
un vase de verre. Mais dans sa précipitation
elle oublia de fermer le robinet du tonneau,
de telle sorte que tout le vin se répandit par
terre. Un malheur, dit-on, n'arrive jamais
seul. En effet, le compagnon d'Antoine voulant se servir du vase de verre, le fit si mala-
droitement qu'il en cassa le pied contre la
table. Le repas touchant à sa fin, la bonne
hôtesse voulut servir de nouveau à boire
aux deux religieux, mais elle trouva son
tonneau vide. Elle revint en larmes vers les

Frères, leur racontant
ce qui lui était arrivé.
Antoine fut touché de sa douleur. Mettant sa tête entre les
mains, il adressa à Dieu une fervente prière.
Or, pendant l'oraison du bienheureux, le
vase qui était à l'une des extrémités de la
table, se plaça de lui-même sur le pied qui
était à l'autre bout. A ce spectacle, la pauvre
femme saisit le vase, l'agite ; mais celui-ci
résiste à ses violentes secousses. Convain-
cue qu'il était aussi facile à Antoine de
remplir son tonneau que de raccommoder
un vase brisé, elle court au cellier. Elle y
trouva son tonneau, vide un instant auparavant, tellement plein que le vin tout bouil-
lonnant en jaillissait comme s'il sortait du
pressoir. Le bonheur et la reconnaissance

Saint Antoine tenant l'Enfant-Jésus entre ses bras.

de la pauvre femme ne se peuvent dépeindre. Mais toujours humble, Antoine se hâta de quitter le village pour se dérober aux louanges et aux remercîments.

Il ne quitta pas sans une profonde douleur la France, patrie de ses ancêtres. A l'amertume de la séparation s'ajoutait celle que lui causait la vue des ravages exercés encore par l'hérésie. Sans doute les Albigeois avaient reçu des coups mortels, ils étaient bien près de leur ruine. Mais l'œuvre à laquelle s'était dévoué le saint, n'était pas encore finie ; et dans son cœur d'apôtre, il ne pouvait se consoler de n'avoir pas anéanti ces redoutables ennemis des âmes. De son côté, la France n'oublia pas Antoine. Elle se souvient encore de son zèle, de son dévoûment, et après sept siècles, Antoine est un de ses saints les plus aimés et les plus honorés.

CHAPITRE VI

ARRIVÉE A ROME. — PRÉDICATION ET DON DES LANGUES. — ANTOINE SE REND A ASSISE. — IL EST NOMMÉ PROVINCIAL DE LA ROMAGNE. — MISSION A RIMINI. — MIRACLE DES POISSONS.

Le Bienheureux arriva à Rome quelque temps avant la mort d'Honorius III et assista à l'élection du cardinal Hugolin, sous le nom de Grégoire IX. Ami personnel de saint François, entièrement dévoué aux Frères Mineurs, le nouveau pape voulut entendre saint Antoine, dont la réputation était parvenue jusqu'à la cour romaine. Il en fut saintement ravi. On était aux environs de Pâques. Il chargea Antoine de prêcher la grande Indulgence aux foules innombrables qui accouraient de toutes parts pour profiter de cette précieuse faveur. Parmi les étrangers, beaucoup avaient entendu Antoine ou du moins le connaissaient de réputation. Aussi la foule se pressait-elle autour de l'Apôtre. Le Bienheureux se livra à ces saints exercices avec son zèle accoutumé. Dieu récompensa son ardeur par un miracle qui rappelle celui de la Pentecôte. Le jour de Pâques, Antoine prêchait devant le pape, les cardinaux et les pèlerins accourus de divers pays dans la cité sainte. Il fut soudain rempli de l'Esprit de Dieu et parla de telle façon, que chacun des auditeurs l'entendit dans sa propre langue. Le pape émerveillé s'écria : « Celui-ci est l'arche du Testament « et le trésor de l'Ecriture Sainte. »

Le carême terminé, Antoine reprit le chemin d'Assise. Il lui tardait d'arriver dans cette ville bénie entre toutes; il lui tardait de se prosterner sur le tombeau de saint François. Les travaux du Chapitre vinrent l'arracher aux pieuses méditations dans lesquelles il passait ses journées soit à

Sainte-Marie des Anges, soit dans l'église où reposait son séraphique père.

Déchargé de son emploi de gardien, Antoine croyait reprendre place parmi ses frères, quand ses supérieurs, pour honorer son talent et sa sainteté, le nommèrent Provincial de la Romagne.

Il se consacra aussitôt aux devoirs de sa charge. Il visita les couvents confiés à ses soins. Il apporta à ses frères les résolutions prises par le Chapitre Général, excita leur ferveur, les encouragea par ses exhortations et ses exemples. Sous une telle direction, les couvents de la Romagne devinrent bientôt des modèles de piété et de régularité.

Les affaires de sa province réglées, Antoine reprit ses courses apostoliques.

A cette époque, Satan jetait l'ivraie à pleines mains dans le champ du père de famille. En France, Antoine avait lutté contre les Albigeois; en Italie, il aura pour adversaires les cathares. Il va droit à eux et les attaque dans leur place forte, Rimini. Il montra, avec cette éloquence dont il avait le secret, la vérité des dogmes catholiques, la fausseté des doctrines impies et infâmes que défendaient les hérétiques. Mais sa parole, ordinairement si puissante, ne produisit aucun effet sur ces cœurs endurcis et obstinés. Un jour s'apercevant que sa parole rencontrait des cœurs encore plus durs et des oreilles plus fermées qu'à l'ordinaire, il s'arrêta: « Levez-vous, dit-il tout-

à-coup, suivez-moi sur le bord de la mer. »
L'auditoire le suivit sur le rivage. Alors
Antoine s'adressa aux poissons : « Vous,
poissons de la mer, écoutez la parole de
Dieu, puisque les hérétiques refusent de
l'entendre. » Aussitôt, des profondeurs de
la mer, accourt une multitude de poissons
de toutes les dimensions et de toutes les
formes. Tenant leur tête hors de l'eau, ils
se rangent dans un ordre parfait. Les plus
petits étaient les plus rap-
prochés de la rive, puis venaient les moyens, enfin les
plus gros. Antoine se mit
à les entretenir des bontés
du Créateur à leur égard.
« C'est lui, leur dit-il, qui
vous a bénis au com-
mencement du monde,

Poissons de la mer et des torrents, écoutez!

ui qui vous fournit votre nourriture quotidienne, qui a creusé ces retraites profondes
où vous vous cachez pendant les tempêtes,
lui qui vous a donné ces nageoires avec
lesquelles vous pouvez aller où il vous
plait. C'est vous, poissons, qui avez fourni
à Jésus-Christ la pièce de monnaie néces-
saire pour payer le cens ; qui lui avez, avant
et après sa résurrection, servi d'aliments.
Petits poissons, bénissez et louez le Seigneur. »

Pendant ce discours, les poissons s'agi-
taient, ouvrant la bouche et inclinant la
tête, comme pour approuver les paroles du
saint prédicateur. En même temps du fond
des eaux, d'autres poissons arrivaient, qui
se rangeaient à la suite des premiers, mani-
festant la même attention et le même respect.

A ce miracle, les hérétiques émus se
jetèrent aux pieds d'Antoine, lui demandant
pardon de leur obstination, le conjurant de
les instruire et de les sauver. Le Bienheureux demeura quelques jours encore à
Rimini, fortifiant les fidèles dans leur foi et
convertissant un nombre très considérable
d'hérétiques.

Après la mission de Rimini, Antoine
évangélise tour à tour Aquilée, Goritz,
Udine, Conégliano, Gémona où il bâtit un
couvent.

La fondation du couvent de Gémona est
célèbre par le miracle que le saint opéra
tandis qu'il faisait travailler à cette cons-

truction. Il pria un bouvier qui passait de lui prêter un moment son chariot pour transporter d'un lieu voisin une certaine quantité de briques. Le paysan n'étant pas disposé à rendre ce service, usa de dissimulation et répondit à Antoine qu'il ne pouvait prêter sa voiture parce qu'elle portait un mort. Or, ce prétendu mort n'était autre que son fils endormi dans le chariot. Sur cette réponse, le saint n'insista pas et se retira souriant malicieusement. Le bouvier va réveiller le jeune homme pour lui dire la ruse dont le moine, pensait-il, avait été dupe. Mais sa gaîté se changea en épou-

Saint Antoine et le bouvier de Gémona.

vante : il avait dit vrai ; son fils était réellement mort. Aussitôt le malheureux père, abandonnant son char, vient se jeter aux pieds d'Antoine et le conjure en sanglotant de lui rendre son fils. Le saint, ému de compassion, s'approche du char, fait le signe de la croix sur le cadavre et tend la main à l'adolescent qui se relève plein de vie.

C'est pendant cette mission à travers l'Italie, que les hérétiques, furieux de leurs défaites multipliées et des succès du Bienheureux, songèrent à se débarrasser de lui. Voulant, disaient-ils, discuter plus à loisir et sans importuns, ils l'invitèrent à partager leur repas. Antoine, se souvenant que Notre Seigneur, dans l'intérêt des âmes, n'avait pas dédaigné de manger avec les publicains, accepta leur invitation. Mais les hérétiques ne songeaient nullement à discuter; leur but, en attirant Antoine, était de l'empoisonner. Pendant le diner, ils lui présentèrent en effet un plat assaisonné avec un poison si violent que l'homme de Dieu serait tombé mort à l'instant s'il y avait touché. Mais Antoine, averti par une révélation divine de leur odieuse trahison et de leur criminel dessein, leur adressa d'abord les reproches les plus vifs, puis les exhorta avec grande douceur et tendresse à renoncer enfin à leurs déplorables erreurs.

Se moquant des reproches et des exhortations du saint, les hérétiques lui dirent qu'ils avaient voulu expérimenter la vérité

de cette parole de l'Evangile : « S'ils boi-
« vent un poison mortel, il sera pour eux
« inoffensif. » « Mangez, ajoutèrent-ils, de
« ce plat empoisonné et s'il ne vous cause
« aucun mal, nous promettons de croire à
« la vérité de votre doctrine. »

Pour conquérir les âmes et assurer le
triomphe de l'Evangile, Antoine donnerait
mille fois sa vie. Aussi il n'hésite pas un
instant. Il trace le signe de la croix sur le
plat empoisonné, en mange et n'éprouve
aucune indisposition. A cette vue, les hérétiques, fidèles à leur promesse, abjurent
leurs erreurs.

La Providence, par des étapes successives,
l'amenait enfin dans la ville de Padoue, dans
cette ville où il devait trouver les plus magnifiques et les plus consolants triomphes, dans
cette ville où il devait mourir, mais couronné
d'une gloire incomparable.

CHAPITRE VII

PADOUE. — MERVEILLES QUI ACCOMPAGNENT LA PRÉ-
DICATION D'ANTOINE PENDANT LE CARÊME. — IL VA
TROUVER LE TYRAN EZZELINO.

Antoine ne songeait guère à ces rêves de
gloire en entrant dans Padoue. Il avait
d'autres préoccupations. Dans ses courses

à travers les pays voisins, il avait vu les
ravages faits par l'hérésie. Or, aucune autre
ville n'avait peut-être autant souffert que
Padoue. Le saint ouvrit aussitôt sa station.
Le succès ne fut pas long à venir. Sa parole,
retentissant au fond des cœurs, les trans-
formait. Les pécheurs s'accusaient à haute
voix de leurs fautes, déplorant leurs trop
longs égarements. Une foule innombrable
assiégeait le confessionnal du saint. On vit
alors un spectacle inoubliable et peut-être
unique dans les annales de l'Eglise. Quand
saint Antoine prêchait, on abandonnait
momentanément tous les travaux. Tout le
monde quittait ses affaires pour courir là
où il était. Aux habitants de la ville se joi-
gnaient ceux de la campagne. Ils venaient
des villages, des hameaux, des châteaux.
Ils se levaient la nuit, marchant à grands
pas, au milieu des ténèbres, par des chemins
difficiles, pour arriver de bonne heure et
prendre place auprès de la chaire. L'af-
fluence devint telle qu'il fallut organiser des
prédications quotidiennes dans les diffé-
rentes églises de la ville. Mais bientôt,
aucune enceinte ne put contenir les foules
qui voulaient voir, entendre et toucher le
bienheureux. Il fut obligé de sortir hors des
murs et de prêcher en plein air.

A la voix persuasive de l'apôtre, les ennemis héréditaires se réconciliaient, les ennemis politiques oubliaient leurs différends;
les usuriers rendaient le bien mal acquis;

les portes des prisons s'ouvraient ; les fré-
quentations dangereuses étaient abandon-
nées ; les mauvais lieux, déserts ; les brigands de grand chemin renonçaient à leur
infâme métier.

C'est à cette époque qu'eut lieu la conversion de douze brigands dont l'histoire est
ainsi racontée dans le *Liber Miraculorum*
de Wading :

« L'an du Seigneur 1292, un vieillard
« rapporta à un Frère mineur qu'il avait
« connu le bienheureux Antoine. — J'étais,
« dit-il, brigand de profession. Je faisais
« partie d'une bande de douze brigands
« comme moi ; nous habitions dans les bois
« et nous détroussions tous les voyageurs
« qui passaient près de nous. Mais ayant
« entendu parler de la réputation que le
« bienheureux Antoine s'était acquise dans
« ses prédications, nous résolûmes de nous
« rendre, tous les douze, au sermon, cachés
« sous un vêtement étranger. Nous ne pou-
« vions pas croire aux récits, selon nous
« exagérés, des effets qu'il produisait ; car
« on le comparait à une torche ardente et
« on l'appelait un nouvel Elie. Un soir donc
« qu'il devait annoncer la parole de Dieu,
« nous nous mîmes en route pour l'en-
« tendre ; mais tandis que nous prêtions
« l'oreille aux accents qui sortaient de son
« âme enflammée, nous sentîmes le regret
« de nos crimes s'éveiller dans nos cœurs.
« A la fin du discours, notre componction

« était profonde : les souvenirs de notre vie
« souillée de forfaits nous bouleversaient.
« Quand le bienheureux Père nous eut
« entendus l'un après l'autre en confession,
« il nous défendit de continuer nos désor-
« dres. Il promit à ceux qui y renonceraient
« les joies du paradis ; il menaça ceux qui
« y persévéreraient des supplices de l'enfer.
« Plusieurs violèrent leurs serments et fini-
« rent mal, comme le bienheureux le leur
« avait prédit. Ceux qui furent fidèles à leurs
« engagements s'endormirent dans la paix
« du Seigneur. » Le vieillard ajouta : « Le
« bienheureux Antoine nous avait donné
« pour pénitence de faire douze fois le pèle-
« rinage du tombeau des saints Apôtres.
« C'est le douzième que j'accomplis aujour-
« d'hui. » Il attendait, selon la promesse
du bienheureux, la paix de la vie éternelle
après avoir achevé le cours de sa vie mortelle.

Padoue était transformée. Selon la parole
de saint Bonaventure : « La vigne du Sei-
« gneur était en pleine sève ; des germes
« féconds s'épanouissaient le long de ses
« branches : ces germes étaient embaumés,
« ils exhalaient la bonne odeur de Jésus-
« Christ. »

Le démon, voyant son empire lui échap-
per, multipliait ses efforts pour arrêter
l'élan pieux de la foule. Il ourdissait contre
les âmes ses trames les plus habiles et les
plus perfides. Mais ses efforts demeuraient

sans succès; ses pièges étaient évités ou dé-joués. Dans son dépit, l'esprit du mal s'attaqua au saint lui-même, essayant, par des songes désespé-rants, par de dé-courageantes il-lusions, de le détourner du mi-nistère de la pré-dication. Antoine s'appliquait avec plus d'énergie à l'évangélisation des âmes. La rage de Satan ne connut alors plus de bor-nes. Une nuit, pendant qu'An-toine épuisé de fatigue goûtait quelques instants de repos, il envahit sa cellule. Saisissant le saint, il

Le novice rapportant à saint Antoine son manuscrit (p. 28).
La Sainte Vierge délivre saint Antoine de l'attaque du démon.

le serrait à la gorge avec une violence si furieuse qu'il l'aurait étranglé, si Dieu ne l'en avait empêché. Dans ce grave danger, Antoine ne se trouble point. Il s'arme du signe de la croix, appelle Marie à son secours en chantant l'hymne : *O Gloriosa Domina*. Pour compléter sa victoire et terrasser son ennemi, il récite l'*Ecce Crucem Domini* :

« Voici la Croix du Seigneur.

« Fuyez, ennemis.

« Le lion de la tribu de Juda, Fils de « David, vous a vaincus.

« Alleluia ! alleluia ! alleluia ! »

Le démon disparut aussitôt.

Cette bénédiction est demeurée très célèbre; elle est d'une puissante efficacité dans les tentations.

Après cette redoutable épreuve, Dieu récompensa la courageuse vertu du saint. Les miracles semblent se multiplier sous ses pas.

Un jeune homme, touché par le sermon qu'il vient d'entendre, éprouve une telle contrition qu'il lui est impossible d'articuler une seule parole : « Ecrivez vos fautes sur cette page, » lui dit le saint. Le jeune homme obéit. A peine avait-il remis le papier à l'homme de Dieu que l'écriture avait disparu : signe indubitable de son pardon.

Une dame de haute condition se hâte de se rendre à la prédication. En traversant une toute petite place, elle tombe dans un affreux bourbier. Elle jette un cri d'appel à saint Antoine, et à la vue des assistants émerveillés, elle sort sans tache de ce lieu fangeux.

Antoine rentre un jour à Padoue par un sentier détourné pour éviter les ovations du peuple. Une pauvre femme dont l'enfant était perclus de tous les membres, court après lui. Tombant à ses pieds, elle le conjure d'avoir pitié d'elle et de vouloir bien tracer sur son malheureux enfant le signe de la croix. Antoine résiste d'abord, il cède enfin aux larmes et aux supplications de l'infortunée. Il fait le signe de la croix sur le petit enfant qui se redresse aussitôt complètement guéri.

Le clergé, les notables de la ville, pénétrés de reconnaissance, se rendirent auprès d'Antoine pour le remercier du bien opéré au milieu d'eux. Ils le prièrent avec instance, puisque l'heure du départ allait sonner, de leur laisser comme un souvenir de son passage et comme un encouragement au bien, ses sermons. Rude épreuve pour l'humilité du saint! Dans l'espérance de voir ses enfants de prédilection demeurer fidèles à ses enseignements, il y consentit et se fixa pour quelque temps dans la cité.

Dieu ne l'avait arrêté que pour rendre à Padoue de nouveaux services. Jusqu'ici nous avons vu l'apôtre; le citoyen va se montrer.

A cette époque, l'Italie était partagée en

deux factions rivales. L'une tenait pour l'empereur d'Allemagne et les droits de la couronne impériale; l'autre, pour le Pape, les droits de l'Eglise et l'indépendance italienne. Ceux-là sont nommés guelfes ou gardes-foi; ceux-ci, gibelins ou guides-guerre. Chaque parti est également puissant et chacun veut dominer sur l'autre. Dans chaque ville de l'Italie, on retrouve les mêmes divisions. Sur ces haines politiques viennent se greffer des haines héréditaires, des querelles et des jalousies personnelles. De là, des guerres sans merci, des cruautés barbares, d'épouvantables vengeances. Parmi les ennemis de Dieu, de l'Eglise et des libertés italiennes, un des plus féroces et des plus redoutables, était Ezzelino de Romano. Il venait de prendre d'assaut Vérone et l'avait livrée à tous les excès d'une soldatesque furieuse. Il menaçait Padoue du même sort.

Antoine, saisi de pitié à la vue de la multitude effrayée, résolut d'aller trouver le tyran à Vérone. Avec une sainte audace, il paraît devant le cruel seigneur. Avec une extrême liberté de parole, il adresse à Ezzelino les plus durs reproches, le menace de la colère divine, s'il ne met un terme à ses crimes et à ses projets sanguinaires. Les courtisans qui entouraient Ezzelino, ne doutaient pas, connaissant leur maître, qu'il ne donnât l'ordre de mettre à mort l'audacieux religieux. Mais à leur grand étonne-

ment, Ezzelino se jeta aux pieds du saint,
lui demanda pardon de ses fautes, promit
de s'en corriger et d'épargner dorénavant
à la ville de Padoue toutes vexations.

S'étant relevé, il lut dans les yeux de ses
affidés la surprise que leur avait causée une
telle conduite : « Ne soyez pas surpris, leur
« dit-il alors, car tandis que le Père me
« parlait, j'ai vu sa figure resplendir d'une
« clarté toute divine et j'ai éprouvé une telle
« frayeur que je me suis cru au fond des
« enfers. »

Cependant malgré la terreur que lui ins-
pirait Antoine, et peut-être même à cause
de cette terreur, Ezzelino essaya de se
débarrasser de l'homme de Dieu. Voulant

Le Saint reproche ses crimes à Ezzelino.

éprouver si le défenseur des petits, des
opprimés, si le vengeur de la justice
méconnue n'était pas, comme tant d'autres,
accessible à la corruption, il lui envoya un
jour de magnifiques présents. « Allez,
« ordonna-t-il à ses serviteurs, portez ces
« présents au Frère Antoine. Vous les lui
« présenterez avec les marques de la plus
« haute déférence et du respect le plus pro-
« fond. S'il les accepte, mettez-le à mort
« sur-le-champ ; s'il les refuse, ne vous
« fâchez ni de ses reproches ni de ses malé-
« dictions : regagnez aussitôt le palais. »
Dignes valets de ce prince hypocrite et san-
guinaire, ils abordèrent le bienheureux
avec des témoignages d'une sainte et respectueuse vénération. « Votre fils Ezzelino, lui
« dirent-ils, vous supplie de prier pour lui
« et vous conjure d'accepter ce présent
« comme un gage de son estime et de son
« affection. » Mais Antoine ne tomba pas
dans le piège qu'on lui tendait.

Il les repoussa avec indignation et mépris.
« A votre maitre de s'enrichir des dépouilles
« du pauvre. Rapportez-lui ces présents,
« car je ne veux pas être le complice ni de
« ses vols, ni de ses rapines. » Les serviteurs se retirèrent couverts de honte. Ren-
trés au palais, ils firent à Ezzelino un récit
fidèle de ce qui s'était passé. Celui-ci s'écria
alors : « Antoine est l'homme de Dieu,
laissez-le tranquille. »

A partir de ce moment, fidèle à la promesse qu'il avait faite, Ezzelino fit moins de mal à ses peuples.

Il est facile de se représenter la joie des Padouans, quand Antoine rentrant au milieu d'eux, leur communiqua l'engagement pris par le prince et les bonnes dispositions qu'il avait déjà manifestées.

CHAPITRE VIII

Départ pour Bologne. — Miracle de Ferrare. — Florence. — Miracle de l'Usurier. — Départ pour Assise. — Retraite a l'Alvernia. — Court séjour a Padoue. — Difficultés de l'Ordre.

Après son ambassade à Vérone, Antoine ne demeura pas longtemps à Padoue. Sauver des âmes est sa grande ambition. Autour de lui, elles sont nombreuses, celles qui se perdent ; aussi va-t-il en toute hâte à leur conquête. Il s'arrête quelque temps à Ferrare et signale par un miracle son passage dans cette ville. Une femme était accusée d'un grand crime, elle n'avait aucun moyen de prouver son innocence. Dans sa détresse, elle eut recours au bienheureux. Celui-ci apercevant entre les bras de cette femme infortunée un tout petit enfant qu'elle allaitait, l'interroge. L'enfant répond aussitôt et atteste l'innocence de sa mère devant la foule ravie et émue.

Après Ferrare, Bologne jouit de la présence du saint. C'est à peine s'il y séjourne, car, sur l'ordre de Jean Parent, vicaire-général des Mineurs, il se rend à Florence pour y prêcher le Carême. Les historiens nous rapportent peu de choses de cette mission. Ils citent cependant un fait assez étrange. Un homme riche avait augmenté sa fortune par l'usure. A la demande de la famille, Antoine consentit à prononcer l'oraison funèbre du défunt. Il prit pour texte cette parole : « Là où est votre trésor, « là aussi est votre cœur. » Puis, le sermon fini, se tournant vers les parents du défunt : « Allez, dit-il, fouillez son coffre-fort ; parmi « des monceaux d'or, vous y trouverez son « cœur. » Les parents y allèrent et au milieu des pièces d'or et d'argent, ils trouvèrent le cœur tout palpitant de l'usurier.

La mission de Florence terminée, Antoine se consacre aux devoirs de sa charge et visite sa province. Il prêche à Milan, à Verceil, fonde un couvent à Varèse, gagne Vérone, enfin Mantoue, dernière étape de son long voyage, qui avait duré plus d'un an. Il avait enduré de pénibles fatigues, mais les magnifiques succès qu'il avait obtenus dans chacune de ces villes, le récompensaient et le reposaient de ses durs travaux.

Sur l'ordre du Père Général convoquant

les Frères dispersés dans le monde entier à assister à la translation solennelle des reliques de saint François dans une nouvelle et plus riche église, Antoine quitta ses travaux en Vénétie. L'obéissance autant que le désir de vénérer de nouveau les restes de son bienheureux Père, à qui le pape Grégoire IX venait de décerner les honneurs de la canonisation, lui firent hâter son départ.

La joie qu'il goûta dans cette imposante cérémonie, présidée par le pape en personne, fut mélangée de quelque amertune. Il fut le témoin attristé des dissentiments qui s'élevèrent entre ses frères au sujet de l'intelligence et de la pratique du vœu de pauvreté. L'accord n'ayant pu se faire dans le Chapitre Général, on résolut de porter la question devant le Saint-Siège. Antoine fut au nombre des délégués. Grégoire IX reçut avec une extrême bienveillance ce moine dont il n'avait pas oublié les accents enflammés, ce moine dont le prestige grandissait de jour en jour. S'inspirant des lumières de l'homme de Dieu, le pape fixa la doctrine et la pratique de la pauvreté évangélique pour les Frères Mineurs. Voulant témoigner à Antoine l'estime et l'affection qu'il avait pour lui, il résolut de l'attacher à sa personne. Mais n'ayant pu triompher des humbles résistances du Saint, il consentit à se priver de ses conseils.

Antoine, profitant de la liberté que lui

avait octroyée le Chapitre Général, de prêcher partout où il lui plairait, voulut, avant
la dernière bataille, se recueillir sur les
sommets de l'Alvernia.

On sait assez quelle place tient l'Alvernia
dans la vie de saint François. C'est là qu'il
composa son cantique d'amour, là que le
séraphin ailé traça sur sa chair les stigmates
glorieux de la Passion.

Dans cette sainte retraite, Antoine ou-
bliant le monde se livra aux délices de
l'oraison ; mais l'histoire ne nous dit rien
des colloques amoureux, des dialogues
enflammés qui s'échangèrent entre le Ciel
et le Bienheureux ; elle ne nous dit rien des
extatiques visions dans lesquelles Dieu, sans
aucun doute, prit plaisir à plonger son
fidèle serviteur.

Ayant retrempé ses forces, il redescendit
de l'Alvernia pour rentrer dans la carrière
dont il allait bientôt toucher le terme Soldat
valeureux, il court à sa dernière lutte. C'est
Padoue, sa ville bien-aimée, qui sera le
témoin de ses derniers combats, mais aussi
de son immortel triomphe.

Padoue, après le départ du Saint, avait
oublié ses enseignements. Elle était retom-
bée dans ses premiers errements ; le mal
avait repris tout son empire. Triste, mais
non pas découragé, Antoine se fait de nouveau professeur de théologie. Dans des
cours publics il expose le dogme chrétien,
réfute les sophismes des cathares et de

leurs sectateurs. Il ramenait au bien de
nombreuses âmes quand une cruelle épreuve
vint interrompre le cours de ses édifiantes
et instructives leçons.

L'Ordre, avons-nous dit plus haut, avait
vu le désaccord se produire sur la pratique
de la pauvreté. Malgré le règlement fixé par
le pape, sous le généralat du F. Elie, des
habitudes luxueuses n'avaient pas tardé à
s'introduire dans les couvents. De nombreux
religieux protestèrent contre ces habitudes
relâchées. Parmi eux se distinguèrent
Adam de Marisco et Antoine. Mais le vicaire
général, appuyé par la majorité des frères,
voulut réduire au silence ces deux censeurs
importuns. Des peines disciplinaires furent
portées contre eux, et le F. Elie se préparait
à les faire jeter en prison, quand les deux
religieux s'échappèrent et se rendirent à
Rome pour en appeler au pape. Celui-ci,
après avoir entendu les deux parties, prononça la déposition du F. Elie, releva les
deux saints religieux des censures dont on
les avait frappés injustement et les félicita
de leur courage.

Heureux d'avoir rendu service à son
Ordre, Antoine rentrait à Padoue, mais
cette fois, c'était pour y mourir.

CHAPITRE IX

RETOUR D'ANTOINE A PADOUE. — NOMBREUX MIRACLES. — IL PRÊCHE DANS LES CAMPAGNES VOISINES. — IL VEUT SE RETIRER DANS LA SOLITUDE. — MIRACLE DE LA LETTRE. — NOUVELLE DÉMARCHE AUPRÈS D'EZZELINO. — BÉNÉDICTION DE PADOUE.

On approchait du saint temps du carême. Antoine, pendant ces jours de grâce et de salut, s'adonna à la prédication avec son zèle ordinaire. Ce fut de la part des foules le même empressement que pendant le premier carême de 1228; du côté de l'apôtre ce fut une charité peut-être plus ardente encore.

Une petite fille, âgée de quatre ans, était privée de l'usage de ses pieds. Atteinte du mal caduc, elle tombait souvent dans d'horribles convulsions. Son père la présenta un jour au Bienheureux. Touché par la confiance naïve et sincère de cet homme, Antoine traça sur la petite fille un signe de croix en invoquant la Trinité Sainte. A peine avait-il terminé que l'enfant se mit à marcher et ne sentit plus les atteintes de son affreuse maladie.

Un jeune homme, appelé Léonard, se

confessant à l'homme de Dieu, s'accuse
d'avoir frappé du pied sa pauvre mère.
« Malheureux, s'écrie Antoine, ce pied sacri-
« lège mérite d'être coupé. » Prenant à la
lettre les paroles du Bienheureux, Léonard,
de retour chez lui, prend une hache et se
coupe le pied. Sa mère désolée court aussitôt vers Antoine, l'accusant d'être la cause
de ce malheur. Excusant la douleur injuste
de cette mère, le Saint se rend auprès du
jeune homme. Levant les yeux au ciel, il fait
à Dieu une fervente prière, prend le pied
sanglant, l'ajuste à la jambe en traçant le
signe de la croix. Le jeune homme est
aussitôt parfaitement guéri.

Beaucoup d'habitants de la campagne
n'avaient pu assister aux sermons d'Antoine. Il résolut d'aller leur porter la parole
de Dieu. Il parcourut les bourgs et les villages qui entourent Padoue. Il fut bientôt
obligé d'interrompre ces saints exercices car
le temps de la moisson était proche, et les
paysans, malgré leur bonne volonté, ne
pouvaient suivre ses instructions.

Antoine sentait d'ailleurs sa dernière
heure approcher, et avant son départ pour
la patrie, il voulut se retirer dans la solitude. Il écrivit donc au Provincial pour lui
demander la permission de faire quelques
jours de retraite. Ayant écrit sa lettre, il
sortit de sa chambre afin de prier le gardien
de vouloir bien la faire porter à destination.
Quand il rentra, sa lettre avait disparu ; il

lui fut impossible de la retrouver. Pensant par cet évènement que Dieu n'approuvait point son projet de retraite, il pria le gardien de ne point songer à envoyer sa lettre. Cependant, bien qu'aucun courrier n'eût porté sa lettre, elle était parvenue ; car quelques jours après, le P. Provincial accordait la permission demandée.

Sur la demande des habitants, Antoine, avant de quitter Padoue, se rendit une seconde fois auprès d'Ezzelino. Le cruel seigneur avait amené à Vérone comme otages, les principaux habitants de la cité, les avait soumis à des traitements barbares ; il menaçait enfin la ville de maux épouvantables. Mais Ezzelino, malgré l'estime qu'il avait pour le saint, demeura sourd à ses prières.

Le saint se retira attristé, priant Dieu de changer le malheureux prince, le conjurant d'épargner à sa chère cité les redoutables épreuves qui semblaient sur le point de fondre sur elle. Pour attirer les grâces de Dieu sur Padoue, il voulut la bénir. Montant donc un jour sur une colline voisine, il contempla avec amour cette cité privilégiée ; puis, dans l'illusion de sa tendresse, il la félicita de sa ravissante beauté, de la gloire dont elle allait être couronnée ; enfin il la bénit.

Citons encore pour terminer ce récit un fait merveilleux qui ne se rattache pas à cette partie de l'histoire de notre saint, mais que nous ne saurions passer sous silence :

Le Seigneur daigna récompenser l'amour d'Antoine pour le saint sacrifice de nos autels par une insigne faveur : un jour, il était employé, selon son désir, à une action très commune ; tout-à-coup il entend le son de la cloche qui annonçait l'élévation de la messe ; il se prosterne aussitôt, et, par un prodige éclatant, les murs de la chapelle s'entr'ouvrent, la sainte hostie apparaît à ses regards entre les mains du prêtre ; il la contemple et l'adore dans un saint ravissement. Le mur se referme ensuite.

Les murs s'entr'ouvrirent et la sainte hostie lui apparut.

CHAPITRE X

Il s'achemina ensuite vers le bourg de Campietro, dans les domaines du seigneur Tino qu'il avait converti. Dans un bosquet appartenant à ce seigneur, se trouvait un magnifique noyer, dont le feuillage formait une espèce de voûte impénétrable aux rayons du soleil. Antoine fit construire entre les branches de cet arbre deux cellules, l'une pour lui, l'autre pour son compagnon de route. Là, séparé du monde, sachant, par une lumière surnaturelle, que sa mort est proche, Antoine, ce lis vivant, dont les sens n'ont jamais connu la moindre révolte, purifie son âme, pleure sur ses légères souillures, les expie par de dures pénitences, s'absorbe dans de saintes méditations, dans de ferventes prières.

Malgré sa solitude, il descendait néanmoins de sa retraite aérienne pour suivre avec ses frères les exercices prescrits par la règle. Ce fut en se rendant au réfectoire qu'il fut saisi par un mal soudain. Se sentant frappé à mort, il prie un de ses compagnons de route de vouloir bien le faire tranporter à Padoue, au couvent de Sainte-Marie. On obéit à son désir, et on l'étend avec soin dans un char.

Déjà le char dans lequel était couché le bienheureux touchait aux portes de la ville, quand on rencontra un Frère se rendant à Campietro, pour y prendre des nouvelles du saint. Le voyant presque expirant, il lui conseilla de ne pas avancer. « Obligé, lui « dit-il, de traverser la ville pour se rendre « au couvent, il lui serait difficile de cacher « son état au peuple qui retarderait assuré-« ment la marche du véhicule. Mieux valait « donc se retirer chez les Frères dont l'ha-« bitation était voisine du monastère des « Pauvres-Dames. » Antoine se rendit à cet avis.

A peine était-il arrivé en cet endroit, qu'épuisé de fatigue, il sembla toucher à ses derniers instants. Après quelques instants de repos, ses forces revinrent. Il en profita pour recevoir, avec une humilité touchante, une nouvelle absolution de ses fautes et les dernières onctions.

Ranimé par la vertu surnaturelle de ces sacrements, d'une voix claire, joyeuse, con-fiante, il entonna son hymne de prédilection : « O gloriosa Domina. » C'est en la chantant qu'il avait combattu sur la terre, c'est en la chantant qu'il devait entrer au ciel, l'éter-nel séjour des triomphateurs.

Son chant terminé, il fixa longuement ses regards vers le ciel. A un frère qui lui demandait ce qu'il voyait, il répondit : « Je vois Dieu. »

Quelques instants après, il parut s'endormir ; il était mort.

Il était mort le 13 juin 1231, à l'âge de trente-six ans, quatre mois, treize jours.

Aussitôt les petits enfants de Padoue, « ces anges de la terre, » sortent de leurs maisons, se réunissent par bandes, parcourent la ville en criant : « Il est mort, le « Père saint ! il est mort, saint Antoine ! »

A cette funeste nouvelle, le peuple consterné quitte ses occupations et court au couvent. Partout des gémissements, des lamentations, partout des larmes, des regrets ; c'est un deuil public. Les Dames du pauvre monastère étaient inconsolables. Ne voulant point se séparer du saint, secondées par les habitants du quartier, elles demandaient à garder le corps du bienheureux dans le monastère. Les Frères du couvent de Sainte-Marie réclamèrent de leur côté, et le reste de la cité prit parti pour eux. De part et d'autre on courait déjà aux armes, quand des esprits plus sages conseillèrent d'aller trouver l'évêque.

Dans cette situation aussi difficile que délicate, l'évêque ne voulut point se prononcer avant d'avoir vu le P. Provincial, absent pour le moment de Padoue. Dès son retour, ils essayèrent, de concert, de faire renoncer les habitants du quartier de la Tête-du-Pont,

à leurs prétentions; mais tout fut inutile. Il fallut recourir à la ruse. Le premier magistrat de la cité convoqua tous les habitants au palais municipal. Comme les autres citoyens, ceux de la Tête-du-Pont obéirent à cet ordre. On s'empara aussitôt d'eux et on les retint prisonniers.

On put alors procéder aux funérailles du saint. Elles furent faites au milieu d'un concours prodigieux de fidèles. Chaque assistant tenait un cierge à la main « et le « nombre en était si grand, dit un auteur, « que la ville semblait être en feu. »

On déposa les précieux restes du saint dans l'église du couvent de Sainte-Marie.

Mort et funérailles de saint Antoine.

Dormez en paix, bienheureux Antoine, dans cette humble demeure et sous ce modeste tombeau. Bientôt Padoue, en témoignage de son amour et de sa reconnaissance, vous élèvera un temple magnifique, rendez-vous de toutes les nations de la terre qui viendront se prosterner devant vos restes glorieux.

CHAPITRE XI

CANONISATION DU SAINT. — TRANSLATION DE SES RELIQUES.

Ces humbles reliques allaient en effet resplendir d'une gloire incomparable.

La piété des Padouans grandissait en effet de jour en jour. C'étaient de longues et continuelles processions au tombeau du Saint. On accourait des châteaux, des villages, des bourgs avoisinants. Tous les rangs, tous les âges, tous les sexes étaient confondus dans ces pieux pèlerinages. Chacun voulait s'agenouiller un instant auprès de ces reliques vénérées.

Le bienheureux récompensait la foi et la confiance de ses dévots serviteurs par des miracles dont le nombre et la grandeur dépassent ceux qu'il avait accompli pendant sa vie. Le procès de sa canonisation énumère en effet cinquante miracles opérés, par l'intercession du Saint, dans l'année qui suivit sa mort. Nous nous contenterons d'en citer deux ou trois.

Un soldat, du nom d'Alcardino, mettait en doute la réalité des miracles accomplis au tombeau du bienheureux. Se trouvant à Padoue dans une hôtellerie, et entendant des étrangers commenter les merveilles dont toute la ville s'entretenait, il saisit une coupe en cristal. « Je vais, dit-il, jeter cette « coupe à terre. Si saint Antoine est aussi « puissant qu'on le prétend, qu'il l'empêche « de se briser. » Ce disant, il lance avec violence la coupe sur le pavé. Mais, au grand étonnement de tous, la coupe demeure entière. Alcardino s'avouant vaincu, se convertit aussitôt et proclame partout la puissance du bienheureux.

Quelques jours plus tard, dans une assemblée assez nombreuse, une personne raconte la préservation miraculeuse de cette coupe. Un des assistants plaisanta sur ce fait, refusant d'y ajouter foi. « Que « saint Antoine, s'écrie-t-il, en prenant « entre ses mains une coupe vide et des « sarments desséchés, fasse naître sur ces « branches mortes assez de raisins pour « emplir cette coupe de leur jus, et je croi- « rai alors au récit que vous venez de me « faire. » Il cessait à peine de parler que déjà les sarments commençaient à verdir.

Bientôt, ils se couvrirent de feuilles, puis de raisins qui arrivèrent en peu d'instants à leur maturité. Pressés, ils remplirent de leur jus la coupe de verre.

Tous les assistants furent ravis et touchés ; l'incrédule devint un des plus zélés et des plus ardents panégyristes du Saint.

Vers cette même époque, un clerc nommé Guidotto, attaché à la maison de l'évêque de Padoue, se moquait en secret des miracles attribués au Saint. Il souriait des dépositions faites à l'évêque chargé de l'information juridique par ceux qui avaient obtenu quelque faveur ou assisté à un miracle. Il fut tout à coup saisi d'un tremblement nerveux qui agitait tous ses membres. Ses douleurs étaient si atroces, si intolérables, qu'il ne pouvait s'empêcher de pousser des cris déchirants. Il avouait cependant que Dieu le traitait selon ses mérites. Malgré sa faute il eut recours au Saint dont il avait révoqué en doute la puissance. Mais sentant combien il était indigne de paraître devant saint Antoine, il fit appeler sa mère : « Ma mère, lui dit-il, je n'ose pas me rendre au tombeau du bienheureux, je ne mérite pas de me prosterner devant ses reliques saintes, allez le prier pour moi. Promettez-lui, en mon nom, une réparation égale à ma faute. La malheureuse mère courut à l'église du Saint. Elle y pleura, elle y pria longtemps. Enfin, saint Antoine se laissant fléchir par les larmes de cette mère désolée et par l'humble repentir du coupable, le délivra de sa cruelle maladie. Le clerc se souvint toujours de la bonté du Saint et employa toutes ses forces à hâter la canonisation du bienheureux Antoine.

De pareils faits augmentaient la foi des Padouans, enflammaient leur ardeur. Leur enthousiasme gagne les villes voisines, puis l'Italie. Franchissant les bornes de ce royaume, la renommée du Saint s'étend en France, en Espagne, en Hongrie, dans l'Europe tout entière. Les peuples s'ébranlent et se dirigent en foules pressées vers le tombeau de l'homme de Dieu. Bientôt de tous ces cœurs émus, reconnaissants, s'échappe un seul cri, une seule demande : la canonisation d'Antoine.

Un mois s'était à peine écoulé depuis la mort d'Antoine quand cette demande fut adressée au pape Grégoire IX. Elle s'appuyait sur une enquête faite par l'évêque de Padoue, constatant l'authenticité des miracles opérés. Le Pape fit l'accueil le plus bienveillant à la députation chargée de lui transmettre le vœu des Padouans, ou pour mieux dire de l'Eglise entière. Il écouta, avec une sainte joie, le récit des merveilles accomplies par l'intermédiaire d'Antoine. Mais, après avoir mûrement réfléchi, il ordonna de procéder à une nouvelle enquête et la confia à des hommes dont la science et l'expérience n'avaient d'égale que la piété.

Aussitôt une foule empressée de rendre

témoignage à la vérité accourt de tous côtés.
Miraculés et témoins des prodiges viennent
déposer devant les commissaires enquê-
teurs. Leur déposition est empreinte d'un
tel accent de vérité ; les faits sont d'ailleurs
si considérables, accomplis dans des circonstances si extraordinaires, sous les
yeux de si nombreux témoins, que douter
de la sincérité des uns et de la réalité des
autres semble impossible. Malgré tout cela
les commissaires prennent les précautions
les plus sages, se livrent à un examen mi-
nutieux, à une critique sévère ; enfin, après
une longue et attentive étude ils émettent
un avis favorable.

Une seconde députation part de suite
pour Rome afin de faire connaître au Pape
le résultat de l'enquête, poursuivre l'intro-
duction de la cause et en hâter l'exécution.
Mais l'Eglise est une mère prudente. Dans
une matière aussi délicate elle craint quelque pieuse exagération de la part de ses
enfants. Aussi ne se rend-elle à leurs désirs
que forcée en quelque sorte par l'évidence.
Rien d'étonnant par conséquent si le pape
Grégoire IX prescrit une nouvelle enquête.

Nous sommes heureux de trouver à la tête
des nouveaux commissaires un Français,
Jean d'Abbeville. Né au diocèse d'Amiens,
il fut d'abord moine de Cluny, ensuite abbé
du monastère de Saint-Pierre d'Abbeville,
plus tard archevêque de Besançon, enfin
évêque-cardinal de Sabine. Il s'occupa très

BASILIQUE DE ST ANTOINE À PADOUE

activement de cette affaire, révisa avec grand soin les procès-verbaux et ne tarda pas à prendre des conclusions favorables.

On pouvait donc procéder à la canonisation. Mais tous les cardinaux ne furent pas de cet avis. Il semblait à plusieurs que c'était trop se hâter. Parmi les opposants, un surtout semblait se signaler par sa vivacité à blâmer la précipitation avec laquelle on plaçait un saint sur les autels, moins d'un an après sa mort. Or, une nuit, ce cardinal crut voir le Pontife romain entouré de sa cour, consacrant une basilique. Quand le moment fut venu de placer les reliques dans la pierre sacrée, on n'en trouva pas. Le Pontife ordonna d'enlever quelques ossements à un cadavre recouvert d'un voile et qu'on venait d'apporter. Mais les cardinaux hésitaient craignant de contempler la mort dans son œuvre de destruction. Cependant sur les encouragements du Pape, ils s'approchent du cadavre, ôtent le voile et reconnaissent le corps du bienheureux Antoine.

Le Cardinal comprit la signification de ce songe. Il ne douta pas que Dieu ne voulût par cette vision lui montrer combien Antoine était digne d'être compté au nombre des Saints. Il en fit part aux cardinaux opposants qui, se rangeant dès lors à l'avis de la majorité, consentirent à la canonisation.

Ce fut le 30 mai 1232, — il n'y avait pas encore un an qu'Antoine était mort — dans la ville de Spolète, en présence d'une foule innombrable, accourue de toutes les parties de l'Europe, que Grégoire IX, après avoir invoqué l'auguste Trinité, déclara inscrit au catalogue des Saints « le très bienheureux prêtre et confesseur Antoine. »

Puis, élevant la voix, le Pontife suprême s'écria : « O docteur sublime, lumière de la « sainte Eglise, bienheureux Antoine, qui « avez tant commenté et si parfaitement « observé la loi céleste, priez pour nous « le Fils de Dieu. »

Les Padouans, pour témoigner toute leur allégresse, prennent sur-le-champ la résolution d'élever un temple magnifique à l'endroit où reposait le Saint.

Commencé en 1232, cet édifice ne fut achevé qu'en 1424. Cependant, avant son achèvement définitif, on transféra les reliques du bienheureux dans la chapelle spécialement consacrée à l'honorer.

Cette translation eut lieu en présence de saint Bonaventure, le 8 avril 1263.

Trente-deux ans s'étaient écoulés depuis que l'on avait confié à la terre le corps du bienheureux. Aussi une émotion profonde étreignit-elle tous cœurs quand on vit apparaître le cercueil. Elle fut plus vive encore quand le cercueil fut ouvert; car si les chairs étaient consumées, la langue était aussi fraîche, aussi vermeille que si Antoine était mort quelques instants auparavant. On l'enferma dans un vase de cristal. Depuis six siècles elle demeure incorruptible et chaque année, à Padoue, on l'expose à la **vénération** des fidèles.

CHAPITRE XII

Le culte de saint Antoine.

Depuis six siècles aussi, le culte de saint Antoine se perpétue dans l'Eglise. Padoue ne se contenta pas d'élever à son saint protecteur un splendide édifice. Pour entretenir dans les âmes la dévotion envers saint

Antoine, elle fonda des anniversaires et des
fêtes solennelles; elle institua une confrérie
qui existe encore de nos jours et à laquelle
les plus nobles familles se font une gloire
d'appartenir de génération en génération.
Florence, Naples, les autres cités italiennes
ont au moins une chapelle dédiée au bienheureux.

L'Espagne, le Portugal ont rivalisé de
zèle et d'amour avec la seconde patrie de
saint Antoine. La fête du saint est pour ces
deux royaumes une fête d'obligation et elle
s'y célèbre avec une imposante solennité.

Dans notre chère France, Antoine est devenu un saint vraiment populaire. Son souvenir est dans tous les cœurs, son nom sur
toutes les lèvres.

Outre son universalité et sa perpétuité, le
culte de saint Antoine présente des détails
d'un intérêt tout particulier. Nous voulons
parler du rôle miraculeux joué par les sta-
tues, les images du bienheureux. Dieu, en
de nombreuses circonstances, s'est plu à
leur communiquer en quelque sorte la vie
et à leur attribuer les mêmes vertus qu'aux
ossements de ses saints.

Carlo Giotti, grand seigneur d'Illyrie,
était très dévot à saint-Antoine. Il voulut,
en 1680, célébrer la fête du saint avec une
très grande solennité. Il fit donc orner la
chapelle de son palais avec une extraordinaire magnificence. Ayant arraché un lis, il
le plaça dans la main de la statue du saint

Ce lis, quoique sans bulbe, conserva sa
fraicheur, son éclat, son parfum jusqu'à la
vigile de la fête de l'année suivante.

Animé d'une ferveur plus vive, ce même
seigneur déploya, en 1681, encore plus de
pompe et de solennité que l'année précé-
dente. Il ordonna à sa servante d'aller au
jardin cueillir un lis et de le placer de nouveau entre les mains du saint. Or, quoique
exposé aux ardeurs d'un soleil brûlant, ce
lis donna deux fleurs ravissantes; l'une
s'épanouit rapidement, l'autre se développa
plus lentement, car sa tige était toute des-
séchée. Le pieux seigneur concluait de ces
merveilles que la floraison des lis était
l'image des fleurs spirituelles que le saint
faisait éclore dans l'âme de ses serviteurs.

Un jeune luthérien retenu par ses affaires
dans la ville de Bentheim, logeait chez une
famille catholique. Au-dessus de sa table de
travail se trouvait une image de saint
Antoine que l'on avait, par mégarde, placée
la tête en bas. Un jour, quelques-uns de ses
amis, qui étaient catholiques, étant allés le
voir, l'un d'eux remarqua la position anor-
male de l'image. « Henri, dit-il en s'adres-
« sant au luthérien, pourquoi manquer
« ainsi de respect envers nos saints? »
Celui-ci protesta, assurant qu'il n'y était
pour rien, qu'il n'avait pas même fait
attention à l'image. Comme son ami insis-
tait, le luthérien s'écria sur un ton plaisant :
« Voudriez-vous que cette image se redres-

« sât toute seule ? Pour ma part je ne le
« crois pas possible. » — « De grâce, reprit
« le catholique, en redressant l'image, ne
« joignez pas l'incrédulité à la plaisanterie.
« Dieu punit souvent les insulteurs des
« saints et il lui serait certes facile, à lui qui
« a opéré tant de miracles par les saints,
« d'accomplir celui dont vous doutez. »

Transporté de colère et de dépit, Henri
prend l'image, la renverse, jurant de se
faire catholique, si d'elle-même elle reve-
venait à son état normal. Il fait aussitôt sortir ses amis de la chambre, en ferme avec
soin la porte à clef et part avec eux. Absorbé
par ses affaires, il ne pensa plus à l'incident
survenu entre lui et son ami. Il l'avait tota-
lement oublié quand il rentra chez lui, le
soir. Aussi quel ne fut pas son étonnement
et son effroi en apercevant sur la table,
l'image, debout sur ses pieds. Pour échap-
per à cette vue importune, il sort aussitôt ;
mais partout et toujours il a devant les yeux
ce spectacle étrange. Croyant se débarrasser de cette vision en se débarrassant de
l'image, il la donna à une jeune enfant ; ce
fut peine perdue. Il se décida alors à quitter
la ville et prit du service dans la marine
hollandaise. Il ne retrouva le calme de
l'esprit et la paix du cœur que le jour où
abjurant le luthérianisme, à Porto-Ferrajo,
il embrassa la religion catholique. Quelques
années plus tard il prit l'habit des Franciscains au couvent de Sienne.

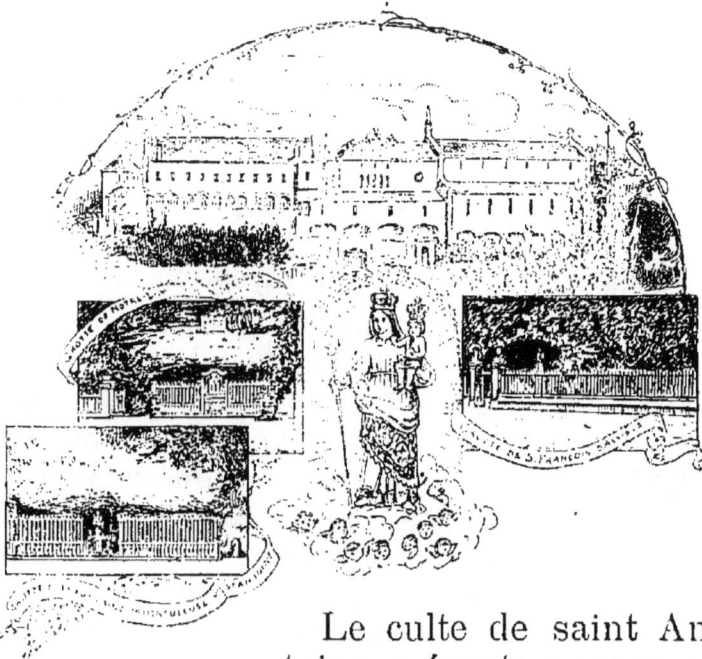

Le culte de saint Antoine présente encore un caractère, au premier abord singulier, c'est la liberté, la familiarité avec laquelle les serviteurs du bienheureux traitent leur saint patron.

De son vivant, Antoine était très populaire. Se faisant tout à tous, il accueillait tout le monde avec une égale bonté. Aussi petits et grands, riches et pauvres l'abordaient-ils avec facilité ; les uns pour lui témoigner leur reconnaissance, les autres pour se mettre sous sa protection ; ceux-là pour l'entretenir de leurs affaires et s'inspirer de ses conseils, ceux-ci pour lui confier la garde et la direction de leur âme. Après sa mort, rien n'est changé. Les foules savent où trouver le bienheureux, elles courent à

son sanctuaire; et comme s'il était encore
vivant, elles l'entretiennent, lui parlent
avec la même familiarité, le même laisser-
aller.

Nul n'a été aussi loin sur ce point que le
P. Bernard Colnago. Il en agissait avec
saint Antoine comme un frère avec son
frère, un ami avec son ami. Aussi sa fami-
lière confiance nous émeut-elle autant que
la bonté simple d'Antoine pour lui. Colnago
a rapporté que saint Antoine, revêtu de
cette beauté divine que l'homme ne saurait
concevoir, à plus forte raison la langue
exprimer, lui était apparu plusieurs fois,
l'avait doucement pressé sur son cœur,
embrassé avec tendresse et conversé fami-
lièrement avec lui. De son côté, le pieux
religieux rendait à saint Antoine les atten-
tions que ce dernier se plaisait à lui prodi-
guer. Il visitait chaque jour son tombeau,
chantait ses louanges en vers, célébrait ses
vertus, engageait les fidèles à s'abandonner
au bienheureux; il ornait sa statue de fleurs,
il ne s'absentait jamais sans aller auparavant prendre congé de son saint protecteur.

CHAPITRE XIII

Saint Antoine patron des Choses perdues. Dévotion du Mardi.

Il y a, au firmament, une infinité d'astres. Malgré leur nombre cependant, pas de ressemblance entre eux. Ils diffèrent en effet, en figure, en grandeur, en éclat. Ainsi en est-il de l'infinie variété des saints au firmament de l'Eglise. Dieu les fait apparaitre à l'heure marquée par sa divine sagesse. A chacun d'eux, il attribue un rôle spécial, conforme aux évènements au milieu desquels ils sont appelés à vivre. Leur mission toutefois ne cesse pas avec leur vie ; elle se continue au ciel. Dieu les a destinés à être les dispensateurs de ses grâces, non pas de toutes, mais de telle ou telle grâce particulière. Cette grâce particulière correspond habituellement à leur genre de vie, à une circonstance spéciale de leur histoire ou de leur mort. C'est ainsi que saint Joseph pour avoir pris soin de Jésus et de Marie, pour avoir expiré entre leurs bras est invoqué comme le gardien des intérêts matériels et le patron de la bonne mort. C'est encore ainsi que l'on s'adresse à saint Roch, en temps d'épidémie, parce qu'il passa la plus

grande partie de sa vie au milieu des pesti-
férés.

Or, saint Antoine est considéré comme le
patron des choses perdues. La tradition est
unanime sur ce point. Les historiens dans
leurs récits insistent longuement sur le privilège de saint Antoine. Les prédicateurs du
haut de la chaire déclarent : « Que Dieu,
dans le ciel, a conféré au bienheureux, la
grâce de rendre miraculeusement les
choses perdues à ceux qui ont recours à
lui. »

Ce fut en Portugal que l'on commença à
invoquer saint Antoine comme patron des
choses perdues. Mais l'origine de cette dévotion ne nous est point connue. Suivant
quelques historiens, il la faudrait trouver
dans le fait que nous avons raconté au
chapitre.... Un novice du couvent de Montpellier voulant quitter l'Ordre, s'enfuit pendant la nuit et emporta un Commentaire des
Psaumes dont le bienheureux se servait pour
ses sermons. Informé de la fuite du religieux et du vol qu'il avait commis, Antoine
se mit aussitôt en prières. Or, au moment
où le malheureux novice se préparait à
franchir un pont, tout à coup le diable armé
d'une hache se présente à lui : « Retourne
« sur tes pas, lui crie-t-il d'une voix mena-
« çante, rentre au couvent et rends à
« Antoine le Commentaire que tu lui as pris.
« Si tu n'obéis, je vais, selon l'ordre de
« Dieu, te tuer et te jeter dans la rivière. »

Saisi de frayeur, le novice revient au couvent, se jette aux pieds du saint, avoue sa faute et le conjure avec larmes de lui pardonner et de prier pour lui.

D'après certains auteurs, cette dévotion aurait pour unique cause les faveurs nombreuses accordées par le bienheureux aux personnes qui l'avaient invoqué dans de pareilles épreuves. N'est-il pas plus probable que les contemporains d'Antoine ayant constaté la puissante facilité du saint à rendre la foi aux âmes qui l'avaient perdue lui attribuèrent le même pouvoir sur les choses matérielles?

Quoi qu'il en soit, des miracles nombreux, éclatants, appuyés sur des témoignages indiscutables, autorisent et justifient cette dévotion. En voici quelques-uns.

L'évêque Cancelloti Politi de l'Ordre des Frères Prêcheurs, avait composé un ouvrage sur la gloire des saints. Un jour, accompagné d'un de ses frères, il sortit de Toulouse. Il portait à la main un manuscrit où se trouvaient, entr'autres travaux, des notes très précieuses sur des questions de controverse. Il avait déjà fait plusieurs lieues quand il s'aperçut qu'il avait laissé tomber le manuscrit. Il revint en grande hâte sur ses pas, examinant avec soin chaque endroit de la route ; mais toutes ses recherches furent inutiles. Rentré à Toulouse, il pria le gouverneur, son ami, de vouloir bien ordonner de nouvelles recherches; mais elles n'aboutirent à aucun résultat. N'espérant plus rien de la terre, il se tourna vers le ciel. Se souvenant de la puissance de saint Antoine, il l'invoqua avec ferveur, lui promettant d'ajouter à son livre de *la Gloire des Saints*, un chapitre spécial en son honneur. Quelques jours plus tard, Cancellotti se remit en route. Il marchait depuis quelque temps quand il vit venir vers lui un voyageur. Ce dernier lui demanda s'il n'avait pas perdu un manuscrit et quelques autres papiers. Sur sa réponse affirmative, le voyageur lui indiqua l'endroit où il les trouverait. Cancellotti s'y rendit aussitôt et trouva à l'endroit désigné des papiers parfaitement en état et sans aucun dommage.

Un historien espagnol rapporte que dans l'église d'Avila, bourg de la Galice, il y avait dans la chapelle dédiée à la Sainte Vierge, un tableau de saint Antoine, placé au-dessus de l'autel. Un marchand de ce village avait une très grande dévotion envers le bienheureux et attribuait à son intercession le succès de ses affaires. Pour témoigner à son puissant protecteur toute sa reconnaissance, il avait l'habitude chaque année, le jour de la fête du saint, de servir aux Franciscains du couvent, un somptueux repas. Il voulut faire davantage. A sa mort, par une clause spéciale de son testament, il fit une rigoureuse obligation à son héritier et neveu, Nicolas Alphonso, de traiter, chaque

année, les Frères comme lui-même en avait
l'habitude. Nicolas voyageant un jour sur
mer, laissa tomber dans l'eau un anneau
de grande valeur. Cependant la fête de saint
Antoine approchait. Nicolas donna des
ordres pour la préparation du repas annuel
et chargea un pêcheur d'apporter au couvent un magnifique poisson. Quelle ne fut
pas la surprise du Frère cuisinier quand,
ayant éventré le poisson, il trouva dans les
entrailles, l'anneau de leur bienfaiteur ?
Tout le monde s'accorda à reconnaître dans
ce fait prodigieux, la toute-puissante intervention d'Antoine. Pour remercier digne-
ment le saint et perpétuer le souvenir de ce
prodige, Alphonso en fit peindre toutes les
circonstances autour du tableau dont nous
avons parlé plus haut.

Ces faits et d'autres semblables que rapportent les mémoires des différents pays,
ont été obtenus pour la plupart par la vertu
du Répons miraculeux. Ce Répons a été
composé par saint Bonaventure ; le voici :

« Vous cherchez des miracles ? La mort,
« l'erreur, les calamités, la lèpre, le démon
« s'enfuient, les malades se lèvent guéris.
« La mer obéit, les chaines se brisent ;
« jeunes et vieux demandent l'usage de
« leurs membres et leurs choses perdues,
« et ils les reçoivent.

« Les dangers disparaissent ; la nécessité
« n'existe plus. Vous qui l'avez éprouvé,
« racontez-le ; Padouans, parlez. »

A Padoue, on institua la neuvaine Antonienne. Saint Antoine était mort le vendredi 13 juin. Mais, on s'en souvient sans doute, les habitants du quartier où le bienheureux avait rendu le dernier soupir, voulant le garder au milieu d'eux, s'opposèrent à son inhumation. Par suite de ces difficultés, les funérailles du saint eurent seulement lieu cinq jours après sa mort, le mardi 17 juin 1232.

Dès lors, le mardi devint un jour consacré à honorer le saint, un jour choisi de préférence à tout autre pour aller visiter son tombeau. Bientôt s'accrédita l'opinion à Padoue, que le mardi le bienheureux ne refusait rien de ce qu'on lui demandait. Cette dévotion prit, en 1617, un accroissement extraordinaire. Depuis longtemps, une noble dame de Bologne sollicitait une faveur insigne par l'intermédiaire de saint Antoine. Or, une nuit, elle vit en songe le saint et entendit très distinctement ces paroles : « Visitez mon image dans l'église de Saint-François pendant neuf mardis consécutifs et vous serez exaucée. » La dame obéit avec fidélité à cette recommandation et fut enfin exaucée.

Les Frères Mineurs divulguèrent cet évènement. Sous leur impulsion la dévotion du mardi se répandit promptement dans toute l'Italie et bientôt dans l'Eglise tout entière. Elle consiste à méditer une vertu du saint, à réciter le Répons miraculeux avec le verset et l'oraison ordinaires.

Mais les fidèles, en souvenir de la mort du bienheureux, survenue le 13 juin, portèrent à treize le nombre des mardis destinés à honorer le saint. L'Eglise a autorisé cette dévotion et l'a enrichie d'indulgences. Dieu a d'ailleurs ratifié la décision de son Eglise par une multitude de miracles.

Avant de terminer ce chapitre, nous avons une remarque à faire. Il ne faudrait pas conclure, d'après les faits cités, que la puissance d'Antoine est circonscrite aux choses matérielles. Ce serait ne rien comprendre au christianisme ; ce serait rabaisser l'action des saints et se mettre d'ailleurs en contradiction avec les faits eux-mêmes. Si saint Antoine, il ne faut pas l'oublier, calma les tempêtes de la mer, il apaisa aussi les orages du cœur ; s'il rendit la vie aux morts, il ressuscita à la vie de la grâce des âmes ensevelies dans l'erreur ou le vice ; s'il rendit des petits enfants à leurs mères, il rendit à l'Eglise ses enfants égarés. Dieu en communiquant à ses saints le don des miracles, se propose un but surnaturel : l'exaltation de la foi, l'accroissement de la religion, la sanctification et la conversion des âmes.

Ne nous bornons donc pas à solliciter des faveurs temporelles, après tout passagères et périssables, demandons surtout les grâces spirituelles : une foi agissante, une volonté docile aux inspirations de la grâce,

le détachement du monde et de ses biens,
la haine du péché, l'amour de nos frères.
O glorieux saint, quel bonheur si par votre
entremise, nous pouvions obtenir ces biens
précieux !

CHAPITRE XIV

Le Pain des Pauvres (1).

Dans les chapitres précédents, nous
avons étudié le culte de saint Antoine dans
l'Eglise en général. Parler de la France en
particulier, était assez difficile. Sans doute,
dans les provinces évangélisées par le bienheureux, on trouve des oratoires, des cha-
pelles érigées sous son vocable, des confré-
ries qui l'ont choisi pour patron ; mais nous
ne possédons pas de monuments écrits
attestant l'authenticité et l'universalité de
son culte dans notre pays. A l'avenir il n'en
sera plus ainsi, car la France vient d'ajouter de glorieuses pages aux annales déjà si
illustres du saint.

Depuis quelques années en effet, le culte

---

(1) Quoique ce chapitre ne se rapporte pas directement
à la vie de saint Antoine, nos lecteurs nous sauront
peut-être gré, — ils nous pardonneront dans tous les
cas — de leur avoir donné quelques détails sur le Pain
des Pauvres.

de saint Antoine a pris, parmi nous, des développements extraordinaires, grâce à une humble et pieuse chrétienne de Toulon, Mademoiselle Bouffier.

Nous nous sommes sentis impuissants à rendre la simplicité confiante, la foi naïve, l'humilité et l'amour qui éclatent à chacune des lignes des lettres adressées par la servante du saint au R. P. Marie-Antoine, capucin, et dans lesquelles elle raconte l'origine de cette dévotion. Aussi avons-nous demandé au bon Père l'autorisation de reproduire quelques-unes de ces lettres. Il a bien voulu nous l'accorder; qu'il nous permette de lui renouveler ici l'expression de toute notre gratitude.

Voici la première lettre écrite au R. P. Marie-Antoine, le 15 novembre 1892 :

    « MON RÉVÉREND PÈRE,

« Vous désirez savoir comment la dévotion à saint Antoine de Padoue a pris naissance dans notre ville de Toulon; elle s'est développée, mon Révérend Père, comme toutes les œuvres du bon Dieu, sans bruit, sans fracas et dans l'obscurité; il y a environ quatre ans, je n'avais aucune connaissance de la dévotion à saint Antoine de Padoue, si ce n'est que j'avais entendu dire, vaguement, qu'il faisait, en le priant, retrouver les objets perdus.

« Un matin, je ne pus ouvrir mon maga-

sin, la serrure à secret se trouvait cassée ;
j'envoie chercher un serrurier, qui apporte
un grand paquet de clefs et travaille environ
pendant une heure : à bout de patience, il
me dit : « Je vais chercher les outils néces-
saires pour enfoncer la porte, il est impossible de l'ouvrir autrement. » Pendant son
absence, inspirée par le bon Dieu, je me dis :
si tu promettais un peu de pain à saint
Antoine pour ses pauvres, peut-être te fe-
rait-il ouvrir la porte sans la briser. Sur ce
moment, l'ouvrier revient, amenant un compagnon. Je leur dis : « Messieurs, accordez-
moi, je vous prie, une satisfaction ; je viens
de promettre du pain à saint Antoine de
Padoue pour ses pauvres ; veuillez, au lieu
d'enfoncer ma porte, essayer encore une
fois de l'ouvrir ; peut-être ce saint viendra-
t-il à notre secours. » Ils acceptent, et voilà
que la première clef qu'ils introduisent dans
la serrure brisée, ouvre sans la moindre
résistance, et semble être la clef même de la
porte. Inutile de vous dépeindre la stupéfac-
tion de tout ce monde, elle fut générale. A
partir de ce jour, toutes mes pieuses amies
prièrent avec moi le bon saint, et la plus petite de nos peines fut communiquée à saint
Antoine de Padoue, avec promesse de pain
pour ses pauvres. Nous sommes dans l'admiration des grâces qu'il nous obtient. Une
de mes amies intimes, témoin de ces prodiges, lui fit promesse instantanément d'un
kilog. de pain, tous les jours de sa vie, s'il

lui accordait pour un membre de sa famille
la disparition d'un défaut qui la faisait gé-
mir depuis vingt-trois ans ; la grâce fut
bientôt accordée, et ce défaut n'a plus re-
paru : en reconnaissance, elle acheta une
petite statue de saint Antoine dont elle me
fit présent, et nous l'installâmes dans une
petite pièce obscure, où il faut une grande
lampe pour y voir. C'est mon arrière-maga-
sin. Eh bien ! le croiriez-vous, mon Révérend Père, toute la journée cette petite
chambre obscure est pleine de monde qui
prie, et avec quelle ferveur extraordinaire !
Non seulement tout le monde prie, mais on
dirait que chacun est payé pour faire connaître et répandre cette dévotion.

« C'est le soldat, l'officier, le commandant
de marine qui, partant pour un long voyage,
viennent faire promesse à saint Antoine de
cinq francs de pain par mois, s'il ne leur
arrive aucun mal pendant tout le voyage.
C'est une mère qui demande la guérison de
son enfant ou le succès d'un examen ; c'est
une famille qui demande la conversion
d'une âme chère qui va mourir, et ne veut
pas recevoir le prêtre ; c'est une domestique
sans place, ou une ouvrière qui demande du
travail, et toutes ces demandes sont accom-
pagnées d'une promesse de pain si elles
sont exaucées. Eh bien ! mon Révérend
Père, pour vous donner une idée des grâces
journalières qu'obtient notre bien-aimé saint
Antoine de Padoue (puisqu'on ne paye

qu'après la grâce obtenue), il a été déposé le
mois dernier dans le petit tronc placé à ses
pieds la somme de cinq cent trente-neuf
francs, ce qui nous a permis d'acheter *treize
cents kilog.* de beau pain blanc pour les
pauvres, et il en est de même généralement
tous les mois.

« Ce qui surtout a donné le plus de déve-
loppement à cette chère dévotion, c'est un
article ironique que le journal impie de
notre ville a inséré dans ses colonnes; cet
article était à mon adresse et me dénonçait
au public comme coupable d'entretenir la
superstition dans notre ville... Je me suis
réjouie en le lisant et ce que j'avais prévu
est arrivé; d'un petit mal Dieu a tiré un
grand bien; Il est si puissant et si bon !

« Nous avons en ce moment des promesses fabuleuses de pain ; nous en avons
trois de mille francs, sans parler des petites
promesses dont le nombre est incalculable,
et les grâces se multiplient.

« Nous recevons journellement des *man-
dats-poste* accompagnés de quelques gra-
cieuses lignes de remerciement au bon
saint Antoine ; il nous en arrive de partout:
de Lyon, de Valence, de Grenoble, de Montpellier, de Nice, de Grasse, de Marseille,
d'Hyères, et de mille autres endroits ; nous
avons même reçu d'un commandant faisant
partie de l'expédition du Dahomey *quarante
francs;* il nous les envoyait du champ de
bataille.

« Il faudrait des volumes, si l'on voulait enregistrer les grâces déjà obtenues, tant spirituelles que temporelles.

« Vous désirez aussi savoir, mon Révérend Père, comment est distribué ce beau pain blanc de saint Antoine : le voici : Nous avons fait une liste des communautés pauvres, d'orphelins et d'orphelines de toute la région, sans oublier les Petites Sœurs des Pauvres, et sitôt qu'il y a de l'argent en caisse, à tour de rôle, nous demandons à quelle date une de ces communautés désire une fournée de pain, et, à jour fixe, elle reçoit cinquante, quatre-vingts, cent kilog. de pain : cela dépend du personnel de la maison, et lorsque les enfants aperçoivent au réfectoire le beau pain blanc, ils reconnaissent que ce n'est pas celui de la maison, et joignant les mains tous ensemble, ils font monter vers le bon saint Antoine une fervente prière accompagnée de mille vivats ! Ce procédé doit être agréable à ce bon Saint, puisqu'il bénit de plus en plus cette chère petite œuvre.

« En terminant, mon Révérend Père, permettez-moi d'implorer un souvenir dans vos prières pour celle que le bon saint Antoine a daigné choisir pour sa petite intendante, afin que je devienne de plus en plus chère à cet aimable Saint par mon humilité et l'oubli de moi-même.

« Votre très humble, etc... »

Le 25 février 1893, cette pieuse demoiselle adressait au même religieux la lettre suivante :

« Saint Antoine de Padoue nous comble de plus en plus de ses faveurs. Il semble prendre plaisir à être invoqué dans notre modeste oratoire où affluent les pèlerins. Permettez-moi, pour exciter encore la dévotion à cet aimable Saint, de vous raconter quelques-unes des manifestations de sa puissance.

« D'abord une conversion touchante. Un Monsieur presque aux portes du tombeau refusait de se réconcilier avec Dieu, et sa fille, une âme d'élite, eut recours dans sa désolation à notre bienheureux et lui promit, s'il convertissait son père, un bon de pain de *vingt francs* pour nos orphelins. La nuit suivante, le moribond se lève en sursaut et d'une voix effrayée crie à l'infirmier : « Est-il là ? est-il là ? » Le veilleur, comme inspiré d'en haut, lui répond : « Le prêtre ? Oui, Monsieur, il est là. » Il était minuit. On court chercher un prêtre, et le moribond se confesse avec de grands sentiments de repentir. Une heure après il expirait !

« Saint Antoine bénit ceux qui tiennent leurs promesses ; mais laissez-moi vous dire qu'il punit quelquefois très rigoureusement ceux qui négligent de les accomplir. En voici un exemple. Une dame de Toulon avait promis *cent kilos* de pain pour obtenir une grâce spéciale en faveur d'une personne tendrement aimée. La grâce est accordée, et l'on accourt nous l'apprendre avec de grandes démonstrations de joie. Mais la dette de la reconnaissance n'est pas acquittée. Deux mois se passent. Nous craignions un châtiment. Tout à coup on vient nous annoncer que la personne tendrement aimée est morte presque subitement.

« Un livre tout entier ne suffirait pas à contenir les faits miraculeux qui se produisent ici chaque jour, grâce à l'intervention de notre saint thaumaturge. Arrêtons-nous.

« Ce qui fait ma joie dans cette œuvre, c'est le cachet d'humilité qui couvre les offrandes et embaume la correspondance : les billets de banque du riche mêlés aux centimes du pauvre et de l'ouvrier ; car les donateurs cachent soigneusement leur nom, connu de Dieu seul.

« Ce qui fait la force de notre œuvre, c'est la prière ardente et spontanée. Trois fois par jour, nos mille vieillards et orphelins élèvent les bras en croix, remercient avec effusion le grand Saint qui veille sur eux, et le supplient de leur procurer encore du beau pain blanc. »

Enfin, le 24 septembre 1893, Mademoiselle Bouffier écrivait au même religieux cette dernière lettre.

. . . .

« Il vous tarde, je le sais, mon Révérend
Père, d'avoir des nouvelles de notre chère
petite œuvre du pain de Saint-Antoine ;
remercions mille fois le Seigneur ; notre
chère petite œuvre est bien, comme vous
l'avez appelée vous-même, « le grain de
sénevé devenu un grand arbre. » Elle
plonge ses racines, elle étend ses verts
rameaux et bientôt, bientôt, sa fécondité
étonnera le monde, oui elle étonnera le
monde, car bientôt, par cette petite œuvre
du pain des pauvres, la charité sera univer-
selle.

« La correspondance, mon Révérend
Père, prend des proportions extraordinaires ; nous avons reçu ce dernier mois
plus de 600 lettres, et ces lettres sont toutes
embaumées d'humilité, de charité, de reconnaissance ; on ne peut les lire sans pleurer.

« Les offrandes pour les miracles obtenus
augmentent sans cesse ; en voici la preuve.
Lisez ces chiffres. Il a été offert à notre
aimable saint, en mai, 2,184 fr., en juin,
3,230 fr., en juillet, 3,650, et en août,
4,135 fr.; merveille ! merveille !

« Je vais essayer, mon Révérend Père, de
glaner quelques épis dans le vaste champ
de nos merveilles : il est si doux de raconter les inépuisables tendresses de Dieu pour
ses enfants !

« Ces jours derniers, arrive tout en larmes, dans notre petite arrière-boutique, une
dame. « Depuis plus de 25 ans, nous dit-

elle, je priais, mais en vain, pour la conversion de ma sœur, je gémissais et je pleurais ;
mes supplications, toutes mes larmes la lais-
saient insensible, et voilà que le petit opus-
cule *Grandes gloires de saint Antoine de
Padoue* me tombe sous la main ; je promets
instantanément du pain à cet aimable saint,
et quelques jours après ma bien chère sœur
m'annonçait qu'elle désirait revenir à Dieu,
se confesser et communier pour la belle fête
du 15 août, ce qu'elle a fait avec une piété
admirable.

« Une pauvre femme de Savoie ne pouvait rentrer en possession d'une somme de
dix mille francs qui lui était due ; elle
n'avait aucun titre, elle fait une neuvaine à
saint Antoine, lui promet du pain pour ses
pauvres, et les dix mille francs lui sont rendus. Un miracle semblable et dans les
mêmes conditions a eu lieu pour un Monsieur de l'Ariège.

« Ces jours derniers, un commandant de
notre belle marine française se préparait à
partir pour les colonies ; il aurait désiré
s'embarquer sur l'escadre de la Méditerra-
née, mais tous les postes sont pris, et par
conséquent plus d'espoir. Sa bonne et très
pieuse mère lui dit : « Mon fils, promets du
pain à saint Antoine de Padoue, tu verras
qu'il fera quelque chose en ta faveur, » et le
commandant de répondre : « Bien volon-
tiers, mère, je promets 50 francs pour ses
pauvres. » Peu de jours après lui arrive un

pli du ministère qui lui annonce qu'on
arme un nouveau vaisseau pour l'escadre
et qu'il est choisi pour en être le commandant.

« Gloire à saint Antoine de Padoue !

« Que de traits ravissants à vous raconter
encore !...

« A Dieu ! mon Révérend Père, toujours
à Dieu. Oh ! qu'il est bon ! Oh ! faites connaître et aimer partout notre bien-aimé
saint et priez pour moi si occupée ! »   . .

. . . .

Depuis lors, il n'est pas une paroisse importante en France qui n'ait dans son
église une statue du saint. Partout, fidèles
de tout âge et de toute condition, viennent
se prosterner et prier aux pieds du bienheureux ; partout aussi les miracles se multiplient. Bénissons et remercions Dieu d'avoir
ranimé en notre pays la dévotion à saint
Antoine. Quand l'hérésie albigeoise perdait
les âmes et jetait le trouble dans la patrie,
la Providence envoya Antoine pour vaincre
l'hérésie et pacifier les esprits.

De nos jours la franc-maçonnerie fait une
guerre ouverte à la religion, elle s'attaque
surtout à l'enfance par l'enseignement irré-
ligieux. Prions saint Antoine de mettre un
terme aux ravages de cette société satanique
comme il arrêta les déprédations du tyran
Ezzelino. Prions-le, lui qui défendit autrefois les petits et les faibles contre les grands
et les puissants de défendre les âmes des

enfants, espérance de l'avenir. Au milieu de nos dissensions politiques, de nos luttes sociales, demandons-lui d'inspirer à tous, avec l'esprit de concorde et de charité, un très vif sentiment de la justice, dont il fut toujours le champion intrépide!

CHAPITRE XV

Principales vertus d'Antoine.

Admirer les saints, les honorer, les prier, c'est beaucoup, mais ce n'est pas tout : il faut surtout les imiter. Notre-Seigneur nous a souvent recommandé l'imitation de ses vertus : « *Exemplum enim dedi vobis ut quemadmodum ego feci, ita et vos faciatis* (Jo. XIII). » Je vous ai donné l'exemple afin que vous agissiez comme moi-même j'ai agi... Antoine fut un imitateur fidèle de Jésus-Christ et il nous redit, avec l'apôtre : « *Imitatores mei estote, sicut et ego Christi...* (Cor. I, IV). Soyez mes imitateurs, comme je l'ai été moi-même du Christ. A nous par conséquent, si nous l'aimons, de marcher sur ses traces, de le suivre.

Une des vertus principales d'Antoine fut l'humilité. Fils d'une grande race, il avait, par droit de naissance, une place marquée à la Cour. Ses facultés supérieures, sa

5

royale distinction, son immense fortune,
l'aménité et le charme de son caractère lui
assuraient, avant peu de temps, un des premiers rangs parmi les hauts dignitaires du
royaume. A une vie honorée, brillante,
riche, il préféra les humiliations, l'obscurité,
la pauvreté de la vie religieuse. Craignant
que les honneurs ecclésiastiques ne vinsent
encore le tirer de sa retraite, il voulut se
cacher davantage. Il revêtit la bure gros-
sière des Frères Mineurs. Son unique ambition fut de passer inaperçu, d'inspirer à ses
confrères une pauvre opinion de sa personne et de ses talents. Il y réussit si bien
que ceux-ci le jugeaient homme de peu
d'esprit et bon tout au plus à remplir les
offices les plus bas et les plus grossiers.
Dieu dut, en quelque sorte, lutter contre lui
pour le tirer de la solitude et mettre sur le
chandelier cette lumière qui s'obstinait à
rester sous le boisseau.

Quelle leçon pour nous si ambitieux
d'honneurs et de louanges, si avides de
richesses! Comme l'humilité d'Antoine con-
damne notre orgueil! Comme il nous
enseigne par le mépris du monde, de ses
grandeurs, de ses faux biens, de ses plaisirs,
en quelle estime nous le devons tenir! A
l'école du bienheureux, apprenons à nous
dépouiller de toute vaine estime de nous-
mêmes, apprenons à donner tout notre
amour aux choses de Dieu et tout notre mépris aux choses du monde.

Si saint Antoine fit de la sainte humilité sa compagne de prédilection, il chérit d'un amour égal sa divine sœur, l'obéissance. Jésus-Christ l'appelle, il lui redit, comme autrefois aux Apôtres : « Viens, suis-moi. » Antoine quitte tout aussitôt pour suivre le Divin Maitre. Que ses supérieurs lui assignent un humble emploi ou une charge élevée, que d'Italie ils l'envoient en France, que de France ils le rappellent en Italie, que dans ces deux pays ils l'emploient à prêcher tantôt ici et tantôt là, Antoine exécute leurs ordres avec une constante docilité, avec une joyeuse promptitude. Il est à tel point épris de cette vertu, que deux fois il accomplit un miracle afin de remplir les fonctions dont il avait été chargé. Une si parfaite obéissance venait d'un principe de foi. Les yeux fixés sur Jésus, le divin exemplaire, il le voyait obéissant au Père Céleste, obéissant à Marie et à Joseph : *et erat subditus illis* (Luc. II), obéissant même à ses bourreaux : *obediens usque ad mortem crucis* (Hebr. II). Il l'entendait dire à ses apôtres, et en leur personne, à tous les supérieurs ecclésiastiques : « Celui qui vous écoute, m'écoute : » *Qui vos audit, me audit* (Luc. x). De là, cette déférence absolue aux vues de ses supérieurs, cet empressement à se conformer à leurs désirs, cette respectueuse soumission à leurs décisions.

Dieu est notre Souverain Maitre. Il nous transmet ses ordres, nous manifeste ses volontés par la sainte Eglise. Nous conformons-nous à ses conseils, à ses lois, à ses prescriptions ? Sommes-nous dociles à ses conseils, à sa direction ? Obéissons-nous aux personnes qui ont autorité sur nous : nos pasteurs légitimes, notre père, notre mère ? Demandons à saint Antoine de nous inspirer une très grande estime pour cette vertu si dédaignée dans notre siècle d'indépendance.

« L'amour de l'abjection, l'observance de « la discipline monastique, l'innocence ren- « dirent la vie d'Antoine recomman- « dable (1), » chante sa liturgie. Notre saint fut en effet un lys vivant. A cinq ans, suivant de graves historiens, il fit vœu de virginité. Adolescent, s'il connut les révoltes de la chair, il n'en connut jamais les humiliations. Pour croire à la conservation de son innocence baptismale, pas n'est besoin d'admettre, comme le veulent certains auteurs, qu'il n'eut jamais à lutter contre « la loi des membres. » Il suffit que dans ce redoutable et périlleux combat, il soit toujours demeuré vainqueur. Or, l'auteur anonyme est très affirmatif sur ce point. « Il ne « céda jamais, écrit-il, aux passions désor- « données de la chair, cette servante impé- « rieuse de l'âme ; bien loin de lâcher les

(1)   *Vitam Probat vilitas*
    Simplex innocentia
    Cura disciplinæ.
            (Liturg. 3e répons.)

« rênes à la concupiscence, il les tint d'une
« main ferme, s'efforçant de soumettre le
« corps au joug glorieux de l'esprit. » Il est
si pur que le seul contact de son vêtement
communique aux autres le don de la pureté.
Sa liturgie le salue comme « l'idéal de la
chasteté, *forma puritatis.* » Notre-Seigneur
qui se plaît parmi les lys, repose avec délices entre ses bras et sur son cœur.

Ces vertus si hautes étaient le fruit de
l'Oraison. Antoine fut sans doute un homme
d'action, mais il fut aussi un homme de
prière. Il savait que sans cette rosée fé-
conde, la semence divine ne lève. pas. Aussi
l'auteur de sa liturgie nous le représente-t-il
« tout consumé d'amour pour Dieu, s'élan-
« çant vers lui dès le matin (1). » Cette
prière commencée au lever du jour, il la
continuait à travers les occupations de la
journée, la prolongeait bien avant dans la
nuit. « Autant que les circonstances le lui
« permettaient, raconte l'auteur anonyme,
« il était sans cesse occupé de la science
« divine, exerçant son esprit dans les saintes
« pensées et dans les méditations célestes. »
L'Oraison l'attirait, elle faisait ses délices.
Aussi le voyons-nous à plusieurs reprises
s'enfoncer dans la solitude, se retirer au
fond de grottes sauvages et y demeurer de

---

(1)   *Totus in te sitiens*
             Deus, ad te vigilans
             Exstitit de luce.

                          (LITURG. FRANCIS.)

longs jours dans la prière et le recueillement. Ce sont les grottes de Forli, de Brives, l'Alvernia, le noyer de Campietro qui sont tour à tour les témoins muets! hélas! de ses saintes contemplations. C'est là, dans l'intimité de la prière, que Dieu se dévoile à Antoine, lui révèle ses desseins, lui communique ses trésors infinis de grâce et de science. C'est là qu'il illumine son esprit de sublimes clartés sur les mystères de la foi, qu'il allume en son cœur les saintes flammes du zèle apostolique.

Comme saint Antoine, aimons la prière. On peut dire d'elle ce que saint Paul a dit de la piété : « elle est utile à tout. » Sommes-nous en proie aux douleurs physiques ou morales? Prions, car la prière est un baume qui guérit. Notre cœur est-il glacé? Prions, car la prière est une flamme ; elle échauffe. Si les ardeurs impures de la concupiscence nous consument, ayons recours à la prière : elle est une rosée rafraichissante. Si la poussière du monde nous souille, jetons-nous dans le bain salutaire de la prière : source d'eau vive, elle purifie. Notre-Seigneur a d'ailleurs insisté sur la nécessité de la prière et en même temps il nous en a garanti l'efficacité. Soyez vigilants, dit-il, et priez en tout temps : *Vigilate, omni tempore orantes* (Luc. xxi). « Deman-« dez et il vous sera donné ; si vous de-« mandez quelque chose en mon nom, mon « Père vous l'accordera. » Ainsi donc, il faut prier et prier sans jamais se lasser.

A cette prière vocale, joignons l'Oraison.
Consacrons tous les jours quelques instants
à méditer les vertus de Notre-Seigneur, de
la Sainte Vierge ou des Saints. Dans ce
pieux exercice, l'âme se transforme : ses
pensées, ses affections s'épurent. A ce contact divin, l'amour de Dieu grandit pendant
que l'amour du monde décroît.

Disciple bien-aimé de saint François qui
portait l'image de Jésus crucifié jusque dans
sa chair, Antoine devait avoir la passion de
la Croix. Il l'eut en effet. Jeune écolier, il
prélude par ses abstinences fréquentes, par
des jeûnes rigoureux aux héroïques austérités de sa vie religieuse. C'est surtout pendant ses retraites qu'il « châtiait son corps
« et le réduisait en servitude, » selon la
parole de l'apôtre. A l'ermitage du Mont-
Saint-Paul, raconte l'auteur anonyme, les
privations qu'Antoine « s'imposait l'avaient
« tellement affaibli que d'après le témoi-
« gnage de ceux qui l'avaient vu de leurs
« yeux, quand il rentrait dans la Commu-
« nauté à l'heure des repas, ses pieds chan-
« celaient, et, il avait besoin quelquefois de
« s'appuyer sur le bras d'un Frère, pour
« ne pas tomber en chemin. » Et Wading à
propos du séjour du bienheureux dans la
grotte de Brive ajoute « qu'il s'y condamna
« à d'effrayantes austérités. »

Pour être disciple du Christ, nous dit
l'Apôtre, il faut crucifier la chair avec ses

vices et sa concupiscence... *Qui sunt Christi carnem suam crucifixerunt cum vitiis et concupiscentiis.* (Gal. v.)

Dieu ne nous demande pas de nous revêtir d'un cilice, de nous infliger de sanglantes disciplines, de nous soumettre à de pénibles jeûnes, mais il nous demande de faire abnégation de nous-même et de porter notre croix. La Croix se dresse partout devant nous ici-bas. Encore faut-il la porter avec une amoureuse résignation et c'est en quoi consiste la mortification chrétienne. Nous devons accepter en esprit de pénitence, et comme complément à la passion de Notre-Seigneur, les peines et les amertumes de cette vie, supporter les défauts des personnes avec lesquelles nous vivons, enfin vaincre et dominer nos passions. Ne l'oublions pas, pour entrer dans la gloire, le Christ a dû souffrir. Pour aller à Jésus-Christ, Antoine a suivi le même chemin. Si nous voulons les rejoindre, nous ne le pouvons que par la voie royale de la Croix.

En terminant ce rapide aperçu de vos principales vertus, laissez-moi, ô aimable Saint, vous redire avec le pieux auteur de vos Litanies :

O saint Antoine, violette d'humilité, parfait modèle d'obéissance, rose de charité, lys de chasteté, priez pour nous.

Daignez aussi, ô grand Saint, bénir ces pauvres petites pages. Puissent-elles en vous faisant mieux connaître vous faire aimer

davantage et par votre intercession rappro-
cher les âmes de Dieu. O bienheureux Père,
qui avez pour privilège spécial de faire
retrouver les choses perdues, accordez-nous
la grâce de ne jamais perdre Jésus. Faites-
le retrouver à ces âmes, hélas ! si nombreuses, qui ont eu le malheur de le perdre ;
faites-le retrouver à cette chère France que
vous avez évangélisée et si tendrement
aimée au cours de votre vie mortelle. Ainsi
soit-il.

TABLE DES MATIÈRES

Abbeville, imp. C. Paillart, Editeur des Brochures illustrées de Propagande Catholique.

www.ingramcontent.com/pod-product-compliance
Lightning Source LLC
Chambersburg PA
CBHW052136090426

42741CB00009B/2106